1人1台端末フル活用！

新4大アプリで算数授業づくり

Canva / Kahoot! / Padlet / Minecraft Education

天野翔太

東洋館出版社

Canva

Canvaのよさを先生方へ伝える提案書の一部です（データの活用×Canva）。

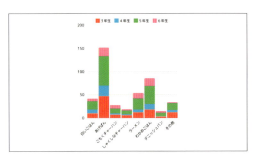

3年3組オリジナル給食メニュー提案書の一部です。Canvaでの棒グラフの作り方を学び、子どもたちと一緒に作りました（データの活用×Canva）。

共同編集及び相互参照機能を生かした授業のスライドの一部です。単位について、動かしながら試行錯誤していました（測定×Canva）。

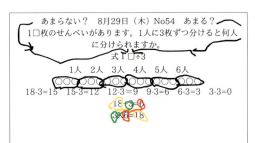

子どもが授業で使っているデジタルノートの一部です。アナログかデジタルかは、子どもが選択しています（ノート×Canva）。

Kahoot！

子どもが作ったテスト前Kahoot!の問題の一部です。画像はCanvaで作成しているものもあります（数と計算×Kahoot!）。

子どもたちが作成した〇の段Kahoot!の一部です。仲間と相談しながら、よりよいクイズに仕上げました（数と計算×Kahoot!）。

Padlet

九九検定をPadletのボイスレコーダーを活用して取り組んでいる様子です。一人ひとりのペースに合わせて検定に取り組むことができます（数と計算×Padlet）。

Minecraft Education

九九ワールドの建物の一部です。手前の建物は、6の段の施設です。中の壁や床には、6の段のかけ算がオブジェとして置かれています。建物のモチーフは、クラスのキャラクターです。6の段には直接関係ないですが、愛着が伺えます（数と計算×Minecraft Education）。

Minecraft Education

九九ワールドのある建物の内部です。迷路風に仕上げており、途中にはかけ算の問題も出てきます。こういった発想を生かすことができることは、Minecraftのよさの1つです（数と計算×Minecraft Education）。

箱ワールドで、ある子どもが作った箱の形です。宝箱風になっています。この中に入ってみると……（図形×Minecraft Education）。

箱ワールドで、ある子どもが作った箱の形の屋上には、NPC（ワールド内のノンプレイヤーキャラクター）が置かれています。NPCをクリックすると、箱の形の長さがわかります（図形×Minecraft Education）。

1kmワールドでは、グループに分かれて1kmを作ってみました。長さは、左上の座標をもとに定めました。子どもたちはその長さに驚いていました（測定×Minecraft Education）。

はじめに

　本書を手に取ってくださったみなさん、はじめまして。埼玉県さいたま市で小学校教員をしています、天野翔太と申します。SNSでは「天治郎」と名乗って、X（旧Twitter）を中心に発信をしています。

　さて、GIGAスクール構想が始まって4年、1人1台端末の活用は進んでいるのでしょうか。私自身は、1年目から様々な試行錯誤を繰り返してきました。色々な先生方の研究や実践を参考にさせていただきました。その中で、うまくいかなかったこともたくさんありました。一方で、子どもたちのよりよい成長を見取ることができ、手応えを感じていることもたくさんあります。

　また、算数教育においては、「1人1台端末の活用は難しい」という風潮が他の教科等に比べて強いです。国や教育委員会、管理職から、1人1台端末の積極的な活用を求められ、苦悩している先生たちの姿も見てきました。1人1台端末の活用に手応えを感じており、軸となる教科が「算数」である私にとって、ここは「なんとかしたい！」と強く想う部分でした。

　本書は、上述したような想いをもとに、現状を打破するべく執筆したものです。SNS等でも話題になっている「Canva」「Kahoot!」「Padlet」「Minecraft Education」の4つのアプリを、算数の本質に基づいて活用することを提案するものでもあります。また、Xのアンケート機能を使って、算数における「Canva」と「Minecraft Education」の活用について調査してみると、

○Canvaを「使っている」と答えた人は22%、「どちらともいえない」と答えた人は4％（投票数113）
○Minecraft Educationを「何度も使ったことがある」と答えた人は0％、「1、2回使ったことがある」と答えた人は4％（投票数80）

となりました。算数における有効な活用方法が広まっていない（伝わっていない）ことがわかります。この結果からも、本書の価値があると考えています。

　本書を通して、みなさんの算数の授業が、今の、そしてこれからの時代に即したよりよいものになることを願っています。

天野　翔太

CONTENTS

はじめに ··· 1

第1章 算数×新4大アプリ ·· 5

算数教育×1人1台端末の今 ·· 6
算数×1人1台端末×心理的安全性 ·· 10
算数×1人1台端末の基本 ··· 12
問い直す一斉授業における端末の活用のポイント ··· 14
問い直す個別学習における端末の活用のポイント ··· 16
新4大アプリって何？
〜Canva・Kahoot!・Padlet・Minecraft Education〜 ··· 18
その他のアプリの可能性（桃太郎電鉄教育版・生成AI） ······································ 20
本書の構成について ·· 22

COLUMN 1 新4大アプリを校内に広げよう！ ··· 24

第2章 算数×Canva ··· 25

算数におけるCanva活用のポイント ·· 26

実践 01「Canvaで協働的に学ぼう！」 **2年→全学年・全領域** ··················· 28

授業再考 01「Canvaで形づくりをしよう！」 **1年 図形** ·························· 32

実践 02「Canvaで〇の段をまとめよう！」 **2年 数と計算** ······················ 34

実践 03「Canvaで先生方にプレゼンテーションをしよう！」
3年 データの活用 ··· 38

授業再考 02「複合図形の面積を求める問題を互いに出し合おう！」
4年 図形 ·· 42

授業再考 03「Canvaのホワイトボードでブレインストーミング」
5年 データの活用 ··· 44

授業再考 04「Canvaで意見が割れる！？ 線対象な図形」
6年 図形 ·· 46

算数におけるCanva（Flipの代替として）活用のポイント ……… 48

実践 01　「Canvaで自分の考えを説明しよう！」
　　　　3年→全学年・全領域 ……… 50

授業再考 01　「Canvaで身の回りにある〇〇を紹介しよう！」
　　　　全学年・主に図形領域 ……… 54

COLUMN 2　Canva×他教科の実践 ……… 56

第3章　算数×Kahoot! ……… 57

算数におけるKahoot!活用のポイント ……… 58

実践 01　「Kahoot!で問いを生む」　3年→全学年・全領域 ……… 60

実践 02　「Kahoot!でプレテストを作ろう！」
　　　　3年→全学年・全領域 ……… 64

実践 03　「Kahoot!で楽しく学習を振り返ろう！」
　　　　3年→全学年・全領域 ……… 68

実践 04　「〇の段のまとめにKahoot!を」　2年　数と計算 ……… 70

COLUMN 3　Kahoot!×他教科の実践 ……… 74

第4章　算数×Padlet ……… 75

算数におけるPadlet活用のポイント ……… 76

実践 01　「Padletで学びのポートフォリオ」
　　　　2年→全学年・全領域 ……… 78

実践 02　「Padletで長さクイズ！」
　　　　3年・測定→他学年・他領域応用可 ……… 82

実践 03　「Padletで九九検定をしよう！」　2年・数と計算 ……… 84

COLUMN 4　Padlet×他教科の実践 ……… 86

第5章 算数×Minecraft Education ... 87

算数におけるMinecraft Education活用のポイント ... 88

授業再考 01 「算数ワールドを作ろう！」 全学年・全領域 ... 90

授業再考 02 「Minecraft Educationで形遊びをしよう！」
1年 図形 ... 92

実践 01 「九九ワールドを作ろう！」 2年 数と計算 ... 94

実践 02 「箱の形ワールドを作ろう！」 2年 図形 ... 98

実践 03 「Minecraft Educationでより長い長さを体験しよう！」
3年 測定 ... 102

授業再考 03 「Minecraft Educationで広さを体感しよう！」
4年 図形 ... 106

授業再考 04 「Minecraft Educationで複合立体図形を作って体積を求めよう！」 5年 図形 ... 108

授業再考 05 「Minecraft Educationで日光東照宮を再現しよう！」
6年 複数領域 ... 110

COLUMN 5 Minecraft Education×他教科の実践 ... 112

第6章 算数における新4大アプリ活用のポイントまとめ ... 113

算数におけるCanva活用のポイントまとめ ... 114

算数におけるCanva（Flipの代替として）活用のポイントまとめ ... 116

算数におけるKahoot!活用のポイントまとめ ... 117

算数におけるPadlet活用のポイントまとめ ... 119

算数におけるMinecraft Education活用のポイントまとめ ... 120

あとがき ... 122
引用・参考文献表 ... 124
奥付 ... 126

※本書籍では、Canva pro版を使用しています。
※本書籍は非公式であり、Minecraftが作成または承認したものではございません。

第 1 章

算数
×
新4大アプリ

算数教育×1人1台端末の今

01 ▶ GIGAスクール構想の今

1-1．GIGAスクール構想の成果

　GIGAスクール構想が始まって4年目を迎えました。

　R5全国学力・学習状況調査結果［令和5年4月実施］によれば、1人1台端末（以下「端末」と表記）を授業で活用していると答えた子ども（政令指定都市は除く）は、「ほぼ毎日」と「週3回以上」で約9割となりました。

　さらに、活用の場面ごとに見ても、どの場面においても昨年よりも割合が増えています。家庭への持ち帰りについての割合は低いものの、端末の文房具化に向けて一定の成果が出ているといえるでしょう。

1-2．現場での課題

　一方で、現場に目を向けてみると、活用の具合は教師の力量に依存している部分が大きいと感じます。みなさんの学校では、いかがでしょうか？

　ICTが苦手な教師はあまり使わず、ICTが得意な教師はどんどん使う、といった二極化が見られます。また、端末を活用するかどうかを決定しているのは、教師であることがしばしば見られます。これらの課題は、「次期ICT環境整備方針の検討について」（文部科学省初等中等教育局, 2023）においても、

> 教師のリテラシー・指導力の差や、端末利用や通信環境に係る支援体制など、ソフト面での課題もある。

と指摘されています。

さらに、「PISA2022のポイント」(中央教育審議会，2023)によれば、

○日本の各教科の授業でのICTの利用頻度は、OECD諸国と比較すると低い。

○高校生自身が情報を集める、集めた情報を記録する、分析する、報告するといった場面でデジタル・リソースを使う頻度は他国に比べて低く、「ICTを用いた探究型の教育の頻度」指標はOECD平均を下回っている。

という課題も見られます。

1-3．様々なアプリの利活用

上述したような背景の中、これからさらに端末及び様々なアプリの活用が進んでいくことでしょう。

実際にSNSでは、「Canva」「Kahoot!」「Padlet」「Flip」の利活用についての話題が多く挙がっています。読者の中にも活用されている方は多いことでしょう。これらのアプリは端末の機種に依存しないため、汎用性が高いことが理由の1つとして考えられます。そして、「Canva」「Kahoot!」「Padlet」「Flip」の4つのアプリは、教育用4大アプリと呼ばれることもあります。

これに加えて、「Minecraft Education」や「桃太郎電鉄教育版」を教科学習の中で活用した、「エデュテインメント（EducationとEntertainmentを組み合わせた造語）」の話題も今日よく耳にします。私自身も、「Minecraft Education」を生活科や社会科等で活用し、PBL（"Project Based Learning"の略称で、課題解決型学習と呼ばれる学習方法のこと）の在り方の1つとして提案しているところです。

02 ▶ 算数の授業で端末は適切に活用されているか？

2-1. 算数の授業における活用の課題

では、算数の授業においてはどうでしょうか？　読者のみなさんは、算数の授業で端末を適切に活用されているでしょうか？

実は、算数における端末の活用については課題が散見されています。瀧ケ平・佐藤・樋口（2022）は、

> ○現在、算数科においても、1人1台端末を活用した学びが強く推奨されているところであるが、他教科同様に、算数学習の特性を踏まえた、端末を有効に活用した授業開発に関わる学術的な研究は十分に行われていない。こういった現状から、これまで普及してきた伝統的な算数の授業の在り方を、端末の有効な活用によりどのように変革していくのか、その具体的な手法を明らかにすることは急務であると言える。
>
> ○「算数科」の授業では、他教科等（「国語科」を除く）と比較して、端末活用頻度が低い傾向にある。

と指摘しています。実際に、「算数で端末を日常的に活用することが難しい」「算数は特別な場合を除いてアナログで十分」という声を聞くことがあります。

そして、上述の著者らは、

> 現状の算数授業における端末の主な活用は、教科書、ノート、実物操作（図形の学習）の「代替」としての役割が多く、その他では主に、「考えの共有」場面で活用されていると言える。

と、現状についても述べています。

たしかに、勤務校等で算数の授業を拝見しても、「プロジェクターにデジタル教科書を映す」「単元末の最後にデジタルアプリに取り組む」といった「代替」としての役割が多いことも事実です。

2-2．算数における活用の可能性

　私は、算数の授業でも端末の文房具化を図っていきたいと考え、ここ数年試行錯誤を繰り返してきました。そこで辿り着いた答えが、前述した「4大アプリ−Flip＋Minecraft Education＝新4大アプリ（本書では以降このように表記していきます）」の活用なのです。

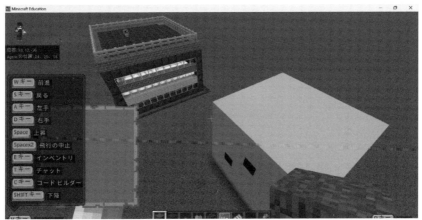

図1　Minecraft Education×はこの形

　図1は、第2学年「はこの形」の単元において、「Minecraft Education」を活用したものです。ちょっとワクワクしませんか？
　新4大アプリのそれぞれの特徴から、算数の授業における端末の活用の課題を解決するための有効な手立てとなりえると確信しています。第2章以降で、算数の授業においても、教科の特性を踏まえた有効的な活用法があることを詳しく提案していきます。

【引用・参考文献】
・瀧ケ平・佐藤・樋口（2022）．「算数科のコミュニケーション場面における1人1台端末活用の特徴」．『広島女学院大学児童教育学研究紀要　第9号』．
・文部科学省初等中等教育局(2023)．「OECD生徒の学習到達度調査PISA2022のポイント」．https://www.mext.go.jp/content/231213-mxt_kyoiku01-000033084_03.pdf．（2024.07.06最終確認）．

算数×1人1台端末×心理的安全性

▶ 端末の文房具化の秘訣

1．教師が抱える端末の活用への不安

　子どもたちのよりよい端末の活用を推進するとき、教師はどのような不安を抱えるのでしょうか？

　私が実際に聞いたり、相談されたりした不安の一部は、

> ○子どもが端末に気が行き過ぎて、授業に集中できない
> ○授業中に勝手にYouTubeを見たり、アプリで遊んだりするかもしれない

というものでした。私もこういった不安は、今でもあります。

　しかしながら、そもそもGIGAスクール構想の目的は、情報活用能力や問題解決能力等、VUCA（Volatility（変動性）、Uncertainty（不確実性）、Complexity（複雑性）、Ambiguity（曖昧性）の頭文字）時代に適応するための資質・能力を育成することにあります。現代社会の不確実で複雑な環境において、未来を切り拓く子どもたちの育成のためには、端末の活用が欠かせないわけです。だからこそ、端末の活用の際に起こる問題等を、「活用していく中で子どもたちと一緒に解決していく教師のマインド」が、まずは大切になってきます。

2．よりよい端末活用の秘訣は「心理的安全性」

　みなさんは、「心理的安全性」という言葉を聞いたことはありますか？近年、経営学の世界でこの概念が注目されており、教育現場でも少しずつ聞かれるようになっています。

ざっくりといえば、心理的安全性とは、
**　自分の考えや意見を自由に言い、失敗を恐れずに挑戦できる環境**
です。心理的安全性が高まると、子どもは学習活動に積極的に取り組み、学習効果が向上します。また、子ども同士の協働や助け合いが活発になり、学級のまとまりが強くなります。結果、主体的に学びに向かう学級になっていきます。

　学級の心理的安全性が高まると、

> ○学習のために端末を活用する
> ○端末をうまく活用すれば、よりよいものを生み出すことができる

といった共通理解が子どもたちに浸透していきます。こうなれば、前述した不安もなくなっていきます。

　「端末を活用する」と「心理的安全性を高める」という2つの軸は、どちらが先かという話ではなく「両輪」です。心理的安全性が高まることで、子どもたちは自分のアイデアを恐れずに表現することができます。そして、端末の活用はそのアイデアを具現化する多様な手段をもたらします。逆もしかりです。

3．算数だからこそ

　一方で、これまで述べてきたことは、「すべての教科等に当てはまることだ」と思われた読者の方もいらっしゃることでしょう。

　しかしながら、算数は特に「正解主義」が強く根付いている教科です。しばしば1つの正解が求められ、子どもは間違いを恐れる傾向があります。しかし、端末を活用することで、自分の考えを視覚化し、概念等をより具体的に理解したり、仲間と協力してよりよい解決を模索したりすることができます。これは、心理的安全性なしにはなしえません。

　だからこそ、「算数×端末×心理的安全性」なのです。

算数×1人1台端末の基本

▶ 数学的な見方・考え方の育成の視点から

1．算数の授業の本質

　pp.6-7で述べたように、算数の授業における端末の活用には課題があります。端末の活用は、あくまで手段です。もちろん、ICTスキルやリテラシーを身に付けていく段階では、目的になることがあるでしょう。しかしながら、算数の授業の本質を鑑みれば、「数学的な見方・考え方を働かせ、豊かにする」という視点で活用できるようにしていくことが肝要です。

　一方、「算数の授業の本質」とは何でしょうか？　中島（1977）は、

> 数学というと、だれもが「考える」ことを重視する学問だと受け取るように、数学教育を考える場合にも、その教材の指導を通して、思考力の育成を図ることが古来重要な目標となってきている。(p.59)

と述べているように、子どもが算数を学ぶことの意義の1つは「考えること」を学ぶことです。考えることについて、杉山（2012）は、以下のように述べています。

> 篠原助市は、教師の発問を考察して「問について言えば生徒の思考進行の現状に即しながら、しかも一歩前進せる問により其の発展を促さねばならぬ。(中略) 後にも再びふれることがあろうが、<u>私は、「考える」とは「自ら問い、自ら答える」</u>過程であると考える。(p.66、下線筆者)

　考えるためには、子ども自らの「問い」が必要であるといえます。さ

らに、

> 授業は思考の過程——問うべき問いを問い続ける——を現出する場なのである。(p.76)

とも述べており、算数の授業において子どもが「問うべき問い」を問うことの重要性を指摘しています。

つまり、算数の授業の本質とは、

算数を創る（自ら問いをもって、既習の知識や経験等をもとに考え、新たな知識を創り出す）こと

であるといえます。これは、数学的活動そのものといえます。

数学的活動とは、

> 事象を数理的に捉え、数学の問題を見いだし、問題を自立的、協働的に解決する過程を遂行すること（p.23）

と示されています（文部科学省,2018）。数学的活動（以前は「算数的活動」と称していました）については、これまでも様々な議論がされています。それらの議論を踏まえると、「算数を創る活動＝数学的活動」と捉えることができます。

また、「見方・考え方」は学習のプロセスに着目しないと顕在化してきません。だから、数学的活動と数学的な見方・考え方の関係は密接なのです。つまり、数学的活動の中で「端末の活用をする」となると、「数学的な見方・考え方を働かせ、豊かにする」という視点が大切だといえます。

【引用・参考文献】
・杉山吉茂（2012）．『確かな算数・数学教育をもとめて』．東洋館出版社．
・中島健三（1977）．「算数・数学教育における「考える」というはたらき」．和田義信編，『考えることの教育』（pp.59-78）．第一法規出版．
・文部科学省（2018）．『小学校学習指導要領（平成29年告示）解説算数編』．日本文教出版．

問い直す一斉授業における端末の活用のポイント

▶ 一斉授業の中でも「自ら問い、自ら考える」を生む

1. 基本的なポイント

　個別最適な学びが強調されて久しいですが、まだまだ軸は一斉授業にあると考えます。本節では、一斉授業における端末の活用のポイントについて考えます。

　そもそもどのような前提の上で、端末を活用していけばよいのでしょうか？　文部科学省（2020）は、GIGAスクール構想において、

　　これまでの我が国の教育実践と最先端のICTのベストミックスを図ることにより、教師・児童生徒の力を最大限に引き出す

と示し、「これまでの教育実践の蓄積×ICT＝学習活動の一層の充実、主体的・対話的で深い学びの視点からの授業改善」を求めています。これは、端末が「文房具化」されてこそなされることです。

　私が考える端末の活用のポイントは、以下のとおりです。

①最低限の約束の中で、子どもが自由に使えるようにする
②活用するかどうかは、子どもが選択する

　この基本的なポイントは、どの教科・領域等においても活用できるものです。

　①については、端末を文房具化していく過程で欠かせません。ある程度自由な状況で使わなければ、実感を伴ったよさと課題はわかりません。第2節でも述べたように、子どもたちと一緒に、起こった問題の解決策を考えていくことが大切です。

　②については、文房具化がある程度進むと起こります。自らの学びの

ために、アナログかデジタルのどちらがよいか選択するようになるわけです。

どちらも「心理的安全性」が高い学級だからこそ、できるという側面もあります。p.11では「両輪」と述べましたが、最初は学級の心理的安全性を高めることが大切です。

2．Microsoft Teamsのグループチャットを軸として

私の学級では、Microsoft Teamsをプラットフォームとして、どの授業でも端末を常時活用しています。なお、Teamsのグループチャットで交流する子ども、立ち歩いて対面で対話をする子どもの両方が存在しています。大切なことは、「子ども自身の選択」です。

例えば、Teamsのグループチャットに自分の考えを互いにアップロードし合うことで、以下の効果が期待できます。

> 自分やまわりの人とは違う考え方をしている人がいることがわかると、他の考え方で見直すことができる（加固，2021）。

さらに、自分1人で一度に複数の考え方を見て比較することができます。「どこに着目しているんだろう？」「他の考え方もあるからもう一度考えてみようかな？」「ぼくの考え方のよさは何だろう？」と、自ら問いをもち、さらに考えることができるようになるわけです。

一例ではありますが、一斉授業であっても

「自ら問い、自ら考える」を生むことができる環境設定

が、「数学的な見方・考え方を働かせ、豊かにする」という視点での、端末の活用のポイントです。

【引用・参考文献】
・加固希支男（2021）．『「個別最適な学び」を実現する算数授業のつくり方』，第5章「1人1台端末」を活用した個別最適な学び』．明治図書．
・文部科学省（2020）．「GIGAスクール構想の実現へ」．

問い直す個別学習における端末の活用のポイント

▶ 個別学習だからこそ活用の在り方は多様に

1．加固（2023）実践から見る個別学習

　加固（2023）は、個別最適な学びと協働的な学びの目的を、
　　資質・能力を身に付け、生涯にわたって能動的（アクティブ）に学び続けるような人に育てること（p.17）
と述べています。また、
　　「答えが出たら終わり」とするのではなく、知識が使える根拠や背景を考え、他の知識と結び付けながら知識を構造化させていくような「学び方」を学ぶことが大切なのです。（p.20）
とも述べています。

　このような考え方のもと、一斉授業と個別学習を取り入れた単元構成の実際を提案しています。

　私は加固の考えに賛同しています。そのため、一斉授業で数学的な見方・考え方を働かせた算数の本質に基づく学び方を学べるようにし、個別学習で一人ひとりの学びの状況やペースに応じて数学的な見方・考え方を働かせた問題解決を支援する、という授業の形が多いです。

2．個別学習における1人1台端末活用のポイント

　Microsoft Teamsをプラットフォームとして常時活用をすることは、一斉授業のときと基本的には同じです。

　個別学習においては、「一斉授業で言語化・顕在化し共有した数学的な見方・考え方が活用できるか」という視点を、子どもたちと共有する

ようにしています。デジタルでもアナログでも、です。

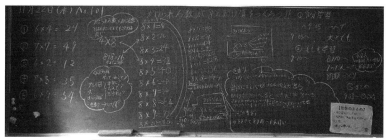

図1 8の段のかけ算の構成の時間の板書

　図1は、第2学年「かけ算(2)」の個別学習の時間の板書です。はじめは、ノートにこれまで働かせてきた数学的な見方を用いて8の段の九九を構成したり、黒板を使って数学的な見方・考え方を互いに共有したりするなど、アナログで自分学習を進めていきました。

　途中から「もしも学習（発展的な学習）」に移る子どもや、以下のようなかたちで端末を活用している子どももいました。

> Kahoot!：かけ算のきまりについて、Kahoot!で問題を作り、Teamsに共有し、みんなにチャレンジしてもらう
> Minecraft Education：ブロックで8の段を友だちと協力して作り、8の段を視覚化する

　このように、自らの力やペースに合わせて活用するアプリも選択しているのです。個別学習における端末のポイントは、以下のとおりです。

> ①子ども自身が働かせた数学的な見方・考え方を意識して、端末を活用すること、内容等も選択できること
> ②子どもの端末の活用に、「着目ポイント（学級で共有している数学的な見方・考え方のこと）を使えた？」と問い続けること

【引用・参考文献】
・加固希支男（2023）．『小学校算数「個別最適な学び」と「協働的な学び」の一体的な充実』．明治図書.

新4大アプリって何？
～Canva・Kahoot!・Padlet・Minecraft Education～

▶ 話題の4つのアプリ

1．どんなアプリ？

　今SNSや現場では、「Canva」「Kahoot!」「Padlet」の3つのアプリが話題になっています。私はこれらに加えて、「Minecraft Education」の活用も、算数の授業で進めています。

　それぞれ、どのようなアプリか簡単に説明します。

　　　Canva：オンラインで使える無料のグラフィックデザインツール。豊富なテンプレートと素材（写真、動画等）があり、簡単操作で誰にでもあらゆるデザインを作成できる。

　　　Kahoot!：クイズ大会を開ける教育用アプリケーション。

　　　Padlet：教育用掲示板アプリ。文書や画像等を整理、共有する際に役立つ教育ツール。

　　　Minecraft Education：ものづくりゲームの一種であるMinecraftを、プログラミング教育・情報教育・協同学習などの教材として使えるようにした、教育向けエディション。

　新4大アプリはハードに依存せず、使い勝手や汎用性が高いです。Minecraft Educationは、基本的にMicrosoft365アカウントが必要ではありますが、「エデュテインメント」を実現する上で欠かせません。

2．新4大アプリの特性とGIGAの本質をもとに

　坂本（2023）は、GIGAの本質を「クラウド活用にある」としています。クラウド上にデータがあることの効果として、

子どもたちが同じデータを同時に作業できる共同編集、子ども同士お互いに見合うことができる相互参照、子ども同士でお互いにほめ合ったりフィードバックし合ったりする相互評価、この３つのメリットを生むことができる。(pp.85-86)
と述べています。
　新４大アプリの特性とGIGAの本質に基づき、算数の授業でどのように端末を活用できるか（**図１**：第５章のpp.92-94にて詳しく解説します）考えることが肝要です。そのためには、やはり、数学的な見方・考え方をふまえた「教材研究」が大切になってきます。

図１　九九ワールドin Minecraft Education

　一方で、子ども自身が数学的な見方・考え方を自覚的に働かせ、豊かにしていけるようにすることが、学びを深めるためには必要不可欠です。だからこそ、どのような場面でどのようなアプリを活用すればよいかを自ら考え、選択することができるようにする必要があります。そのための「端末の文房具化」です。

【引用・参考文献】
・坂本良晶（2023）．『生産性が爆上がり！　さる先生の「ぜんぶギガでやろう！」』．学陽書房．

その他アプリの可能性
（桃太郎電鉄教育版・生成AI）

▶ 算数の授業の可能性を広げる2つのアプリ

1．桃太郎電鉄教育版

　みなさんの一度はやったことがあるゲームの1つに、「桃太郎電鉄」があるのではないでしょうか？　30年以上にわたり親しまれているボードゲームシリーズです。この桃太郎電鉄の教育版アプリが、申請すれば2023年から使えるようになっています。

　KONAMIの公式パンフレットでもアナウンスされているように、都道府県・特産物・駅名・収益率などいろいろな学びが考えられます。「楽しい」を切り口に学ぶわけです。算数の授業で考えれば、「大きな数」や「割合」の単元での活用が考えられ、大きな数の計算や割合の概念を楽しみながら理解することができるわけです。

　このアプリを用いた活動は、単元の導入や終末に位置付けることができそうです。また、個別学習で活用するアプリの1つともなり得ます。

2．生成AI

　この原稿を執筆している現在（2024年7月）、私は第3学年「棒グラフと表」の単元の授業を行っています。「3年3組オリジナル給食メニューを提案しよう」というゴールに向かって、統計的探究プロセス（P問題・P計画・Dデータ・A分析・C結論）に基づいて取り組んでいるところです。

　データの活用領域において活躍が期待できるアプリは、FormsやCanvaです。データを集計する際にはFormsを、棒グラフや表を作成し

たり提案資料を作成したりする際には、Canvaを活用します。

一方で、ChatGPTやCopilotをはじめとする生成AIが、データの活用領域の可能性を広げると考えています。

私は、主に道徳の授業で生成AIを活用しています。その位置付けは、「協同探究者」です。子どもたちと一緒に問いに向かい、課題解決に参画する役割を果たします。先述した「統計的探究プロセス」でいえば、「P計画」や「A分析」、「C結論」での活用ができます。子どもたちの考えに対して、批判的に意見をもらうわけです。

図1は、「P計画」段階において、Copilotに計画の妥当性を投げかけた際のものです。

図1 Copilotの回答

子どもたちは、

> ○ぼくたちが考えたことは、だいたい間違いなさそうだ！　これでデータを取ってみよう！
> ○この先のメニューだから、昔のメニューだけで考えたらだめだね！　給食の先生も言っていたように「旬」を考えよう！

などとつぶやいたり、振り返りで記述したりしていました。

生成AIの批判的な思考が子どものさらなる考えを生み出したり、第三者としての共感的な意見が自信をもって探究を進める補助になったりするのです。

本書の構成について

01 ▶ 授業実践と授業再考

1-1. 本書で紹介する「授業実践」と「授業再考」の違い

　私は、CanvaとPadlet、Kahoot!を授業で活用するようになって3年目、Minecraft Educationを授業で活用するようになって2年目です（令和6年度現在）。その間に私が実際に担任をした学年は、2年生と3年生です。

　そのため、「授業実践」は基本的に2・3年生の事例となっています。しかしながら、その中には全学年および全領域に生かすことのできる実践もあります。「授業再考」は、これまでの各学年の授業を振り返って、今の私ならどのように授業するのか再考した案となります。授業実践は14事例、授業再考は10事例、合わせて全24事例を本書で紹介します。

1-2. 授業実践と授業再考の生かし方

　授業実践については、実際に行った授業の事例（**図1**および**図2**）であるため、そのまま追試していただけます。授業再考は、再考案をもとに先生方自身でアレンジを加えていただけますと幸いです。また、成果

図1 データの活用×Canva

図2 数と計算×Minecraft Education

と課題を共有していただけると、私の学びにもなります。

02 ▶ 章立てとその順番の意図

2-1. 登場する4つのアプリの章立てについて

　本書では、「Canva」「Kahoot!」「Padlet」「Minecraft Education」の順番に章立てをしています。

　「Canva」「Kahoot!」「Padlet」の3つのアプリは、プラットフォームに依存せず、クラウドベースで動作するため、どのPCでも利用できます。つまり、非常に汎用性が高いです。
この3つのアプリにおいては、算数科の授業における使用頻度の高い順に紹介しています。

　一方、「Minecraft Education」は、利用するにあたり基本的にMicrosoft 365のアカウントが必要になります。そのため、「Canva」「Padlet」「Kahoot!」の3つのアプリに比べれば、汎用性はやや低いです。そのため、最後の章にしています。ただ、活用の可能性は間違いなく無限大です。

2-2. 授業実践と授業再考の順について

　授業実践と授業再考にかかわらず、基本的に学年順に掲載しています。ただし、全学年に活用でき得る実践については、章のはじめの方に掲載しています（**図3**参照）。

　また、ある学年および領域での事例も、全学年・全領域で活用でき得ます。「Canva」「Padlet」「Kahoot!」「Minecraft Education」の4つのアプリにおいて、全ての学年・領域での活用の在り方を提案していることになります。これが、本書の大きな特徴です。

```
実践 01 「Padletで学びのポートフォリオ」
        2年 → 全学年・全領域
```
図3 全学年に活用でき得る実践の例

COLUMN 1
新4大アプリを校内に広げよう！

　私は現在、学年主任と研修主任を務めています。新4大アプリを広めようと、様々な取組を行ってきました。

学年主任としての取組
①各教科・領域等の学習でどのように活用するかを、学年会資料で具体的に提案する
②学年内ミニ研修を行う
③具体的な取組の成果（例：九九ワールドin Minecraft Education）を共有し、他学級で試してもらう

研修主任としての取組
①研修だよりを通して、それぞれのアプリの特性や活用の具体を紹介する
②任意参加のミニパワーアップ講座を開いて体験してもらう
③研修の中で積極的にアプリを活用してもらう
　（例：研究授業の意見の収集・集約をPadletで）
④アプリを手段として活用した授業を公開する

　上述したような取組の結果もあり、校内では新4大アプリの活用が少しずつ進んでいます。先日も、養護教諭からCanvaの活用についての相談がありました。ICT教育主任ではないですが、相談されることは、うれしいです。

　子どもも大人も同じで、結局は実際に使ってみないとメリットもデメリットも理解できません。だからこそ、校内でも「まずは使ってもらうこと」が大切だと考えています。そこがスタートとなり、算数の授業をはじめとする各教科・領域等で、本質的な活用ができるようになっていくのです。

第 2 章

算数
×
Canva

算数における
Canva活用のポイント

▶ Canvaの特徴を生かして

1．Canvaの特徴

　第1章のp.18でも述べたように、Canvaは簡単操作で誰でもあらゆるデザインを作成できるグラフィックデザインツールです。プレゼン資料、動画、ポスター等、様々なものが作成できます。

　授業の中で使うという視点でCanvaの特徴を捉えてみると、「共同編集」「相互参照」「相互評価」が挙げられます。これら3つの特徴を、算数の授業の中でどのように活用できるのかを考えることが大切です。

2．3つの特徴と算数の授業での活用の具体

　まずはじめに、「共同編集」についてです。クラウドの上にデータがあることで、子どもたちが同じデータを同時に編集できます。

　例えば、「Dデータの活用」領域において、アウトプットのためのプレゼンテーション資料を作る際に有効に働きます。グラフを作成する子ども、プレゼンに合う素材を探す子ども、大事なポイントをテキストで作成する子どもなど、対面で話し合いながら、分担して同時に作業できるわけです。

　次に、「相互参照」です。子ども同士で互いの考えを見合うことができます。

　例えば、第4学年「面積」の単元において、L字型の図形の求積が問題として扱われます。これまでに身に付けてきた図形の合成や分解、変形など、図形の構成についての見方・考え方を働かせ、求積していきま

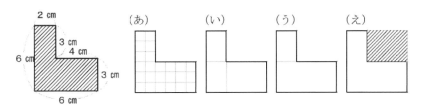

図1 L字型の図形の求積方法（文部科学省，2018，p.211より引用）

す（**図1**参照）。

　その際に、「ほかの考え方はないかな？」という問いをもって、さらに問題解決を進める子どもが多いです。これまでであれば、ペアでの交流や練り上げの際にしか、他の考えを知ることができませんでした。しかし、Canva上で表現することで、相互参照を通して自分の考えを深めていけるのです。「これはどういう意味なんだろう？」と考えてもよくわからなければ、対面でその子どものところに聞きに行くこともできます。

　このように多様な考えが生み出される教材の場合、非常に有効です。本時で働かせ、豊かにしたい数学的な見方・考え方を顕在化・言語化しやすくなります。

　最後に、「相互評価」です。アウトプットに対して、互いにフィードバックができます。

　例えば、先述したL字型の図形の求積の際に、コメント機能を使って質問したり意見したりすることができます。もちろん対面でもできますが、タイピングの方が得意な子どもには大切な選択肢の1つになります。

　つまり、算数におけるCanva活用のポイントは以下のとおりです。

「共同編集」「相互参照」「相互評価」の3つの特徴を算数の学習活動に適切に位置づけること

【引用・参考文献】
・文部科学省（2018）．『小学校学習指導要領解説（平成29年告示）算数編』．日本文教出版．
・坂本良晶（2023）．『生産性が爆上がり！　さる先生の「ぜんぶギガでやろう！」』．学陽書房．

実践 01 「Canvaで協働的に学ぼう!」（2年→全学年・全領域）

01 ▶ 多様な考えが生まれる教材で活用する

1-1. 多様な考えが生まれるからこそ協働的に学ぶ

　算数の問題は、基本的に答えが1つに決まります。もちろんオープンエンドの問題もありますが、ほとんどの場合がそうなります。

　一方で、答えは1つに決まるものの、考えは多様になることが多々あります。各学年における多様な考えが生まれる教材の例（**表1**）を挙げてみます。

表1　各領域における多様な考えが生まれる教材の例

第1学年	○計算ピラミッド（A数と計算） ○形づくり（B図形）
第2学年	○3桁の整数（例：780）の見方（A数と計算） ○L字型のアレイ図の数を求める（A数と計算）
第3学年	○データの分類整理（Dデータの活用） ○小数（例：2.8）の見方（A数と計算）
第4学年	○L字型の面積の求積（B図形） ○立方体の展開図（B図形）
第5学年	○直方体を組み合わせた立体の体積の求め方（B図形） ○台形の面積の求積（B図形）
第6学年	○円を含む複合図形の求積（B図形） ○比例の関係を用いた問題解決（例：画用紙の枚数と厚さや重さ）（C変化と関係）

　前節でも述べたように、多様な考えが生まれるからこそ、Canvaの相互参照機能を活用して協働的に学ぶことができます。

1-2. 図と式の関連を相互参照で読み解く

多様な考えが生まれる教材を扱う際の手立てとして、Canvaの相互参照機能を使います。この際に、特にお勧めする教材が、「図と式の関連を問う教材」です。

例えば、第5学年「三角形と四角形の面積」での「台形の面積の求積」を挙げます。**図1**（文部科学省，2018，小学校学習指導要領（平成29年告示）解説算数編，日本文教出版，p.258より引用）のように、図1つとっても多様な考えが生まれます。

図1　台形の面積の求積方法の例

（か）のような2つの三角形に分割する考えの図のみを、Canva上で表現したとします。友だちのそのスライドを見た別の子は、

> 「この図の式は何だろう？　2つの三角形に分けているから、三角形の面積の公式が使えるね。高さ×底辺÷2だから……」

と考えることでしょう。他の（き）～（け）でも同様です。

逆に、（き）の図を表す式のみをCanva上で表現しておけば、

> 「(4＋8)×6÷2ってどういうことだろう？　台形を2つ合わせて、平行四辺形にしたのかな？　ちょっと聞いてみよう！」

などと考える子どもの姿が期待できます。

さらに、多様な考えを相互参照することで、本時で働かせたい「既習の図形に帰着して求積する」という数学的な見方・考え方を顕在化・言語化、共有しやすくなります。

このように、「図と式の関連を問う教材」であれば、相互参照機能を用いて、より深く学ぶことができるような仕掛けができるわけです。

02 ▶ 取組の実際

　扱った題材は、第2学年「分数」の「3分の1」です。本時で働かせたい数学的な見方・考え方は、「個数に着目して、3分の1の大きさを捉える」です。

　図と式との関連を問う教材ではありませんが、3分の1の大きさが豊富にあるため、相互参照機能のよさが十分に発揮されました。

　図2・3は、本時の板書です。

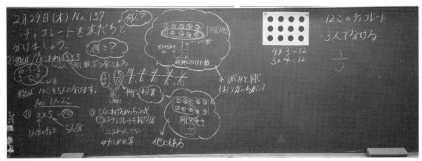

図2　本時の板書①

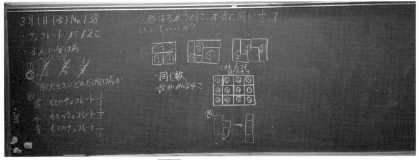

図3　本時の板書②

　本時の自力解決では、一人ひとりに「12個の●（3×4の形）の図」を2つずつ、Canvaのプレゼンテーションのスライドで与えました。2つ以上の考えがある子どもは、予備用のスライドをさっとコピーして、さらに考えていました。これも、多様な考えが生まれる教材を扱う際に

Canvaをお勧めできるよさの1つです。

ここで大切なことは、「ノートで取り組むこと（アナログ）もO.K.とすること」です。ノートで取り組んだ子は、写真を撮ってCanvaのスライドに貼り付けていました。

図4は、子どもたちのスライドの一部です。

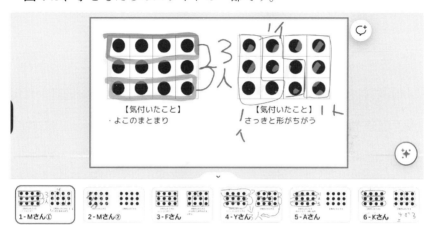

図4　子どもたちのスライドの一部

相互参照を通して、同じ考えの子どもを見つけたり、違う考えの子どもと直接対話したりしていました。また、

> 囲った形は違ってもみんな同じ4個だから、同じ3分の1といっていい。

と、ノートに記述している子どももいました。Canva上で協働的に学び、自ら考えを練り上げた証しといえるでしょう。

本実践のポイント
- ☑ 多様な考えが生まれる教材でこそ、Canvaで協働的に学ぼう！
- ☑ Canvaの相互参照機能を用いて、より学びを深める仕掛けを！

「Canvaで形づくりをしよう！」
（1年・図形）

授業再考 01

01 ▶ 具体物の操作とデジタル上での操作

1-1. これまでの授業

　文部科学省（2018）は、第1学年の目標について、

　　ものの形に着目して特徴を捉えたり、具体的な操作を通して形の構
　　成について考えたりする力（中略）などを養う。(p.76)
と示しています。

　低学年での具体的な操作は、非常に大切です。しかしながら、これが必ずしもアナログ（図形領域でいえば、例えば色板）操作である必要はないと考えます。なぜなら、現代の子どもたちは、幼児期よりタブレットやスマートフォンに触れる機会が多い世代だからです。つまり、端末上で疑似的な操作の方がやりやすいと感じる子どももいるということです。

　そこで提案したいことが、「Canvaで形づくりをしよう！」です。

02 ▶ 授業の再考

2-1. 授業再考案（1／5時）

　本時で働かせたい数学的な見方・考え方は、「ものの形に着目し、形の特徴を捉える」です。

　【問題】いろいたをならべると、どんなかたちができるかな？

　3色の合同な直角二等辺三角形の色板（複数枚）の素材を載せたCanvaのスライドを、子どもたちと共有します。

　色、形、大きさ等を捉えた上で、「自分の好きな形を作ってみよう」と投げかけます。簡単にコピーができるので、試行錯誤がたくさんでき

ます。そして、**図1**のように、作成した形をいくつも保存できます。

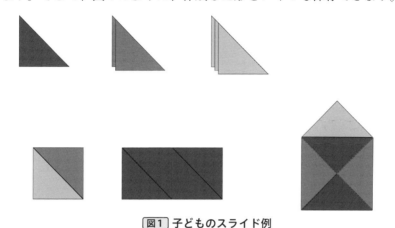

図1 子どものスライド例

　ここで、Canvaの共同編集機能と相互参照機能が役立ちます。友だちと一緒に共同して形を作ったり、友だちの作った形を参考に別の形を作ったりすることができます。

　実際の色板を使って形づくりをする子どももいるでしょう。だから、カメラで作った形を撮影し、Canva上にアップロードしてもらいます。そうすることで、形を保存するとともに、相互参照の対象にもできます。

　1年生がCanvaを使用する際の懸念点は、最低限の端末活用スキルがあるかどうかです。少しずつ少しずつ、端末を活用する機会をふやしたいですね。

授業再考案のポイント
- ☑ Canvaを活用した疑似的な操作も認める！
- ☑ 様々な形を参照することで、形の特徴を捉えられるように！

【引用・参考文献】
・文部科学省（2018）.『小学校学習指導要領（平成29年告示）解説算数編』.日本文教出版.

実践02 「Canvaで〇の段をまとめよう！」（2年・数と計算）

01 ▶ 九九の習熟こそCanvaで

1-1．九九の習熟は暗記のみにあらず

　九九の習熟といえば、何を思い浮かべますか？　きっと多くの先生方が、九九カード等を用いた暗唱を思い浮かべるのではないでしょうか？
　私も上述した取組は行いますが、これだけではただの暗記となり、深い理解は得られません。そこで提案したいことが、「Canvaで〇の段をまとめよう！」なのです。実際は「Minecraft Education」と「Kahoot!」、そして「Padlet」も組み合わせて行いました。第3章のpp.54-57及び第5章のpp.92-95も併せてご覧ください。

1-2．取組の計画

【ねらい】
　九九のより深い理解を図るとともに、端末活用の総仕上げの1つとして、みんなで作品を創り上げる。

【子どもの相手・目的意識】
　本年度2年生及び来年度2年生のかけ算の学習で活用してもらう。

【指導計画（全4時間）】
（第1時）
① 「かけ算の総まとめとして、Minecraft Educationで九九ワールドを作ろう！」と投げかけ、相手・目的意識を対話を通して確認する
② 1の段から9の段までのCanvaとKahoot!の担当を決める
③ CanvaとKahoot!の作成を始める

(第2時)
①Minecraft Education内で作る○の段の施設をどうするか、段ごとに話し合い、決定する
②CanvaとKahoot!の続きを作成する
③作成したものを相互評価し、よりよいものにする
④仕上がった子どもから、Minecraft Education内で○の段とわかる施設の作成を始める

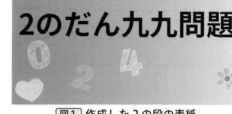
図1 作成した2の段の表紙

(第3時)
①第2時の続きをする
➡教師は完成したKahoot!とCanvaの製作物を、NPC（ワールド内のノンプレイヤーキャラクター）にリンクを貼る

(第4時)
①九九ワールドで遊ぶ
②遊んでみたことへのフィードバックをもとに仕上げる
➡教師は本時終了後、ワールドをコピーする
➡コピーデータをエクスポートし、Padletを使って配付する

【期待される効果（算数面）】

・Canvaの動画（もしくはプレゼンテーション）やKahoot!の問題を作成する際、相手・目的意識に基づき、提示する九九の内容について思考・判断・表現する

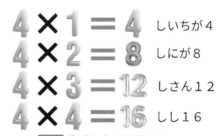
図2 作成した4の段の1コマ

・まとめを製作する過程で、あらためてかけ算・九九を振り返るので、理解が深まる

02 ▶ 取組の実際

2-1．取組の具体

　以下の画像は、子どもたちが作成したスライドの一部です。

図3　作成した3の段の1コマ

　例えば、**図3**のスライドであれば、九九を構成する際に用いた表現技法である「図」と「言葉」を配置して、3×3の答えを想起しやすくしています。また、次の**図4**であれば、自作の問題を作成した上で、ヒントとなる図を加えています。

　どれも決して1人で作成しているわけではなく、2～3人のグループで作成しました。そのため、自然と対話しながら共同編集でまとめていけたのです。もちろん、グループによって出来具合の差はあります。しかしながら、この対話的な学びにこそ、「学びの振り返り」と「提示する内容に対する思考・判断・表現」が生まれるのです。

　なお、Canvaには素材が豊富にあります。様々なものが様々な数で図としてストックしてあるため、「○のまとまり」などの画像の作成において、活用しやすいことは大きな利点です。

実践02 | 「Canvaで〇の段をまとめよう！」（2年・数と計算）

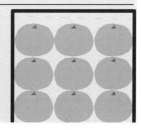

図4 作成した9の段の1コマ

2-2．取組の再考

期待される効果は概ね見られた一方で、以下の課題も見られました。

△相手意識のある見やすいスライドづくり
△九九の何を見せて、何を見せないのかという対話時間の確保

今回は2学期末のSpecial授業として位置づけましたが、かけ算（1）と（2）の単元に位置付けると、よりよい実践となりそうです。

右記QRコードから、実際に子どもたちが作成したCanvaのまとめを見ることができます。

図5 子どもが作成したCanvaまとめの一部

本実践のポイント

☑ Canvaを用いて〇の段をまとめることを習熟の1つの手立てに！
☑ Canvaの共同編集機能を通して、学びを深める対話的な学びを！

実践 03 「Canvaで先生方にプレゼンテーションをしよう！」（3年・データの活用）

01 ▶ 子どもにとって意味のある統計的な問題解決を

1−1．子どもにとって意味のある事象「Canva等のアプリの活用を広める」

　統計的な問題解決活動における題材の選定は、非常に重要です。題材を考える際に、取り上げる身の回りの事象が子どもたちにとって「意味のある事象」でなければ、子ども自らの問いは生起されません。

　「意味のある事象」とは、子どもが自ら働きかけることができる事象であり、働きかける価値のある事象であると考えます。つまり、子どもや学級の実態によって、より適切な題材は変わってくるはずなのです。

　本節で紹介する実践は、令和4年度の実践です。当時の私の学級では、CanvaやKahoot!などを積極的に活用していました。しかしながら、なかなか校内で広まるに至っていませんでした。一方、学級の子どもたちも、「来年度にはこれらのアプリが使えなくなるかもしれない」という不安を抱くという実態がありました。

　そこで、以下のとおりに単元を計画しました。

> 意味のある事象：Canva等のアプリの活用
> 相手・目的意識：Canva等のアプリのよさを先生方に広める
> 目的の具体：先生方への提案書づくり（Canvaを使って）

1−2．本実践の意図

　「Dデータの活用」おいて、大切なことは統計的な問題解決を遂行することです。統計的な問題解決とは、「問題−計画−データ−分析−結論」という5つの段階を経て問題解決をすることです。統計的探究プロ

セスとも呼ばれています。

当時の私の「Dデータの活用」における問題意識は、以下のとおりでした。

> ①身近な題材から問題を設定する活動を扱う事例が少ない
> ②問題に対して集めるべきデータとその集め方を計画する活動を扱う事例が少ない
> ③端末を効果的に活用することで、統計的な問題解決活動を行いやすくしたい

①については「意味のある事象」を扱うことで、②については計画立案の時間を十分確保することで、③についてはForms及びExcel、Canvaを活用することで、解決を目指しました。

1-3. 単元の計画

以下の表は、上述した問題意識に関わる部分の単元計画です。

表 単元の計画の一部

時	主な学習活動
1	・使ってよかったアプリについてのアンケート結果を、表で整理する〈問題意識①〉
3	・Excelを用いた表と棒グラフの作成の仕方を理解する〈問題意識③〉
4	・目的意識（問題）を設定する〈問題意識①〉 ・必要なデータの内容とその集め方を決める〈問題意識②〉
課外	・アンケート項目を決定する〈問題意識②〉
8〜10	・Canvaでの共同編集（担当グループごと）を通して、分析しつつ、結論づける〈問題意識③〉

完成後、先生方に提案書をもっていきました。

この提案書は、Canvaのプレゼンテーションを使って作成したものです。各グループの子どもたちが、学年主任や情報教育主任へ提案書をもとに簡単なプレゼンテーションをしました。

02 ▶ 取組の実際

2-1. 取組の具体

　図1・2は、それぞれ第1時と第4時の板書です。

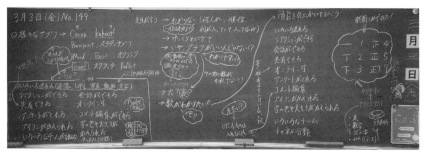

図1　単元の第1時の板書

図2　単元の第4時の板書

　このように、丁寧に子どもの思いや問題意識を掘り下げていきました。意味のある事象だからこそ、議論が活性化します。

　また**図3**は、あるCanvaグループの提案書のスライドの1つです。このような分析・結論づけを対面で対話しながら行ったり、Canvaで共同編集しながら行ったりして、提案書のスライドを作成しました。

　当時、棒グラフはExcelで作成していました。しかし、Canvaの素材を使えば、より簡単に棒グラフが作成できます。折れ線グラフや円グラフも同様です。ここからも、「Dデータの活用」とCanvaの相性は抜群です。

実践03 「Canvaで先生方にプレゼンテーションをしよう！」（3年・データの活用）

図3 あるグループの提案書スライド

2-2. 取組の成果と課題

○意味のある事象との出合いによって、子どもの目的意識（問題）を設定することができた

○端末を効果的に活用した（Formsによる集計、Excelによる表と棒グラフの作成、Canvaを用いた共同編集による分析等）ことで、手間と時間のかかる部分を簡単に行うことができた

○「Dデータの活用」と端末活用の相性のよさが確認できた

△目的意識は明確であったが、単元を貫く問い（問題）の結果が来年度にならないとわからない

△深掘り（例：Canvaが有効な教科や場面）するためには、「この提案プレゼンで本当に大丈夫？」と、問い直す必要があった

本実践のポイント

☑ 表やグラフの作成、プレゼンテーションの作成が必須である「Dデータの活用」でこそCanvaの活用を！

授業再考 02 「複合図形の面積を求める問題を互いに出し合おう!」(4年・図形)

01 ▶ 数学的な見方・考え方のつながりを意識して

1-1. これまでの授業

　第2章のp.27でも説明に用いた「複合図形の面積の求積」の授業再考案です。

　文部科学省(2018)は、B(4)平面図形の面積で育てたい思考力、判断力、表現力の留意点について、

　　長方形や正方形、及びそれらを組み合わせた図形の面積を求める際、単位となる正方形を敷き詰めるのではなく計算によって面積を求める方法について考えることができるようにすることが大切である。(p.210)

と示しています。

　長方形や正方形を組み合わせた図形とは、L字型や凹型などの図形のことです。しかしながら、これらの図形の求積の扱いは、さほど多くありません。ここで「既習の図形に帰着して面積を求める」という数学的な見方・考え方を働かせ、豊かにすることは、第5学年の三角形と四角形の面積の求積や立方体及び直方体の体積の求積へと、つながっていきます。

　そこで提案したいことが、Canvaで「複合図形の面積を求める問題を互いに出し合おう!」です。

02 ▶ 授業の再考

2-1. 授業再考案(5/10)

　本実践では、第5時「L字型の図形の面積の求め方を考え、説明する

ことができる。(目標)」の終末に、自分で考えた複合図形の面積の求積問題を作成し、第10時の単元のまとめで練習問題の1つとして取り組むというものです。

第5時では、L字型の複合図形の面積の求積の後に、Canvaを使って子ども一人ひとりが自分オリジナルの複合図形を作成します。そして、辺の長さの数値を入れて、問題化します。

第10時では、学習内容の定着を図る問題の1つとして、子どもたちが互いの問題に取り組みます。Canvaの「手軽に図形の素材を組み合わせることができる点」と「相互参照機能」を生かした実践となります。

例えば、子どもは**図1**のような問題を作成することでしょう。

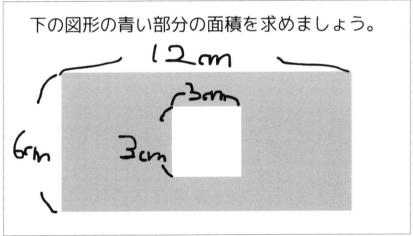

図1 子どもが作成するであろう問題例

授業再考案のポイント
☑ 学年間の数学的な見方・考え方の育成を意識した実践を！
☑ 「B図形」にこそ手軽に図形の素材を組み合わせられるよさを！

【引用・参考文献】
・文部科学省(2018).『小学校学習指導要領(平成29年告示)解説算数編』.日本文教出版.

授業再考 03 「Canvaのホワイトボードでブレインストーミング」(5年・データの活用)

01 ▶ 合意形成の過程に一人ひとりの意見を反映させる

1-1. これまでの授業

　第2章のpp.38〜41でも少しふれたように、「Dデータの活用」おいて大切なことは統計的な問題解決を遂行することです。統計的な問題解決の各段階で、議論がなされます。例えば、「問題」の段階では、日常の生活や事象との関わりで生じた問題が統計的に解決できるかどうか判断するために議論をします。

　これまでであれば、黒板をプラットフォームとして議論を重ねていたことでしょう。しかしながら、みんなで合意形成を図っていたつもりが、実際は何人かの意見で話が進んでいたのではないでしょうか？

　そこで提案したいことが、「Canvaのホワイトボードでブレインストーミング」です。

02 ▶ 授業の再考

　統計的な問題解決を遂行する際に鍵になる見方・考え方は、「批判的思考」です。端的にいえば、「本当にそれでいいのかな？」「もっとよいアイデアはないのかな？」という思考です。批判的思考を行うためには、多角的な視点と様々な意見が欠かせません。

　例えば、リクエスト給食のメニューを決めるためのデータ収集の計画を立てる場面で活用します。

　1枚のホワイトボード（上下左右ほぼ無限に広がります）に、同時に付箋を貼っていくことができます（共同編集機能あり）。仮に、いつを

「黄色」、誰にを「青」、どのようにを「赤」、メニューを考える際に気を付けることを「緑」の付箋にするとします。

ある程度意見が集まった時点で、付箋を全選択し、「並べ替え」のタブを選びます。「トピック別」「カラー別」「名前別」が提示されます。

今回はカラー別を選択し、並べ替えたものが下の**図1**です。

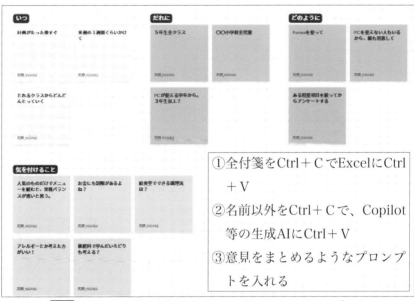

図1 適当に置かれた付箋を並べ替えて整理したホワイトボード

簡単に並べられるため、整理する手間をあっという間に減らすことができます。そして、一人ひとりの意見を、きちんと反映することができるのです。生成AIにまとめて（**図1**の右下部分参照）もらったものをたたき台として、議論するとよいでしょう。

授業再考案のポイント
- ☑ ホワイトボードで、全員の意見を可視化し、合意形成に反映！
- ☑ Canva＋生成AIで客観的な視点もプラス！

「Canvaで意見が割れる!? 線対称な図形」（6年・図形）

授業再考 04

01 ▶ 一人ひとりがしっかり試行錯誤できるように

1-1. これまでの授業

　図1は、以前行った第6学年「対称な図形」の第1時の板書です。

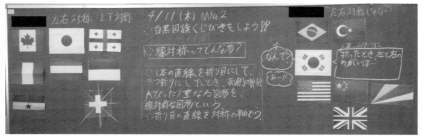

図1　「対称な図形」の第1時の板書

　私は、この授業を教科書アレンジ「ゲーム化」で行いました。封筒の中に線対称である国旗と線対称ではない国旗を複数入れて、子どもたちに引いてもらい、「ラッキー（線対称）」と「ハッピー（線対称ではないもの）」に分けていくというものです。

　勤めている自治体で採択されている教科書では、1つ目の単元ですので、ゲーム化した教材は、大いに盛り上がります。一方で、一人ひとりに思考・表現がしっかりとなされるかというと、難しい部分があります。

　そこで提案したいことが、「Canvaで一人ひとりが『ラッキー』と『ハッピー』を判定していく授業」です。教材の準備という点でも、アナログよりも圧倒的に時短できます。

02 ▶ 授業の再考

　本時で働かせたい数学的な見方・考え方は、「図形を構成する要素どうしの関係に着目し、対称性といった観点から図形を弁別する」です。

　導入は、過去の実践と同じです。ラッキーとハッピーの両方が出た時点で、「他の国旗は、ラッキーかハッピーか自分で分けてみよう！」と投げかけ、Canvaのスライドを共有します。

　図2は、共有するCanvaのスライドです。

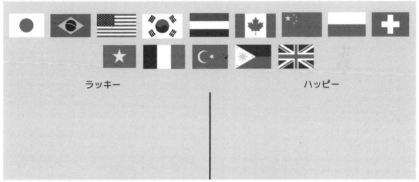

図2 子どもと共有するCanvaのスライド

　相互参照機能があるため、意見が割れていても、すぐにコメントで聞くことができます。韓国の国旗あたりは、意見が割れることでしょう。

　また、発展的に考えたい子は、**図3**のように素材で「国旗」と検索して、さらにデータを集めることができます。

図3 素材にある国旗

授業再考案のポイント
- ☑ Canvaで教材の準備も時短しよう！
- ☑ 豊富な素材を学習内容に生かそう！

算数におけるCanva（Flipの代替として）活用のポイント

▶ Canva（Flipの代替）の特徴を生かして

1. 動画によるアウトプットをメインとしたCanvaの特徴

　基本的なCanvaの活用のポイントと実践については、pp.26〜46で述べました。ここでは、Flipの代替として、つまり、動画によるアウトプットをメインとしたCanvaの特徴を生かした活用の在り方について述べていきます。

　そもそもFlipは、「自撮り動画を撮影し、表現するアプリ。クラス専用ルームにアップロードし、相互参照・相互評価することができる」という特徴をもっています。さらに、Flipの強みは、「タイピングに依存しないこと」です。タイピングができない低学年の子どもたちにとって、アウトプットしやすいアプリの1つでした。

　現在（2024.07執筆時点）、FlipはWebサイト版とモバイルアプリの廃止が予定（2024.09.30）されています。ただし、Flipのコア機能の一部を「Microsoft Teams for Education」へ移行し、これにより利用することは可能です。ただし、これまでできていた相互参照・相互評価機能は今のところありません。

　そこで、代替となるものがCanvaです。

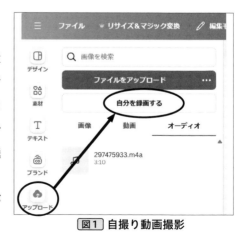
図1　自撮り動画撮影

算数におけるCanva（Flipの代替として）活用のポイント

　図1のように、「アップロード」から「自分を録画する」を選択すると、自撮り動画を撮影することができます。

　「タイピングに依存しない」を完全にクリアすることはできませんが、Flipの特徴であった相互参照・相互評価は可能です。むしろ、活用できる素材等の面では、Canvaに優位性があると考えています。実際に担任していた2年生の子どもたち（令和5年度）は、動画でのアウトプットの手段としてCanvaを選択することが多かったです。もちろん一人ひとりのタイピング力が高かったという背景もあります。

2．算数の授業での活用の具体

　Canva（Flip）を算数の授業で活用する具体は、基本的に1つです。それは、「自分の考えを説明する手段の1つとしての活用」です。詳しくは、次節でご紹介します。

　また、この発展として、何かを紹介する際にも効果的な手立てとなります。例えば、「身の回りから長方形や正方形の形をしたものを見つけ、紹介する」といった活動ができます。しかしながら、算数の授業では、かなり限定的な活用です。ただ、こういった手段を子どもがもっていることは大切です。

　正直に言えば、他教科での活用がほとんどとなります。特に国語の授業との相性は抜群です。本書のねらいとはずれてしまうのですが、興味がある方は図2のQRコードにPDF（国語での活用の在り方の提案）が埋め込まれていますので、ご覧ください。

図2　Canva×国語の活用の在り方

【引用・参考文献】
・坂本良晶（2022）．「Flipの教科書」．https://note.com/saruesteacher/n/n49d3b794d515（2024.07.11最終確認）．

| 実践 01 | 「Canvaで自分の考えを説明しよう！」（3年→全学年・全領域） |

01 ▶ 自らの学びの状況に応じて活用する

1-1．単元末のまとめの時間の在り方は？

単元末のまとめの時間において、子どもたちはどのような学びを行っているのでしょうか？

①教科書にあるまとめの問題を解く
②先生が指定したプリント等に取り組む

といったパターンが多いのではないでしょうか？　このパターンが悪いというわけではありません。「個別最適な学びと協働的な学びの一体的な充実」が求められている今、このパターン以外の学びの在り方を考えたいところです。

現在私が実践している形は、

> ①基本的な問題の解決として教科書にあるまとめの問題に取り組む【第1課題】
> ②自らの学びの状況に応じて次の課題を選択する【第2課題】

といったものです。

第1課題は、単元を通して身に付けてきた知識・技能を確認するものです。ここで、何がわかっていて、何がわかっていないのかを、子ども自身が確認します。

第2課題は、第1課題を通して明らかになった成果と課題をもとに行うやや発展的な課題です。この課題は、一人ひとりの状況によって違うので、取組は多種多様（**図1**参照）です。

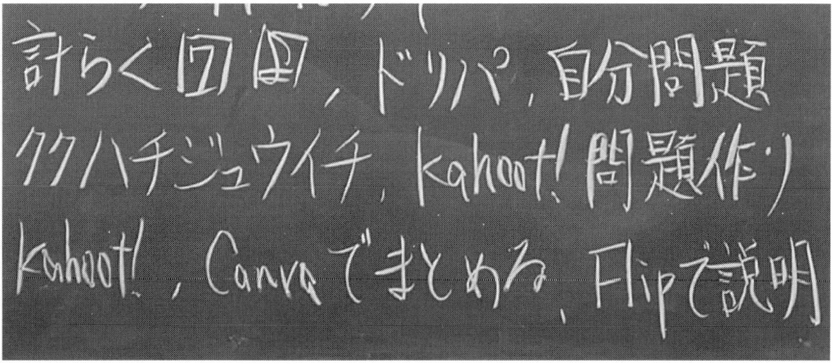

図1 ある単元の第2課題の取組例

　例えば、ある子どもは第1課題がよくできていたため、テスト対策のKahoot!を作成したり、Canva（Flip）で発展問題を説明したりします。また、第1課題でわかっていないことが多かったと感じた子どもは、基本的な問題に取り組むために計算ドリルやデジタルドリルに取り組みます。

　このように、自らの学びの状況に応じて課題を選択する時間を、単元末のまとめの時間を中心に位置付けていくのです。そうすることで、汎用的な学び方も算数の授業の中で身に付けていきます。もちろん、他の教科でも同様のことは行う必要はあります。

　さて、この第2課題の1つとして選択される「Canva（実践事例はFlip）で自分の考えを説明しよう！」という取組について、紹介していきます。

02 ▶ 取組の実際

2−1．取組の具体

　今回紹介する実践は、第3学年「かけ算」です。
　本単元で働かせ、豊かにしたい数学的な見方・考え方は、「乗法に関して成り立つ性質やきまりに着目し、九九の範囲を超える乗法の計算方

法を考察する」です。単元末においては、数学的な見方・考え方の視点から単元の学習を子ども自身が整理できることが大切です。

図2は、ある子どもが第2課題として、Canva（実践時はFlip）で説

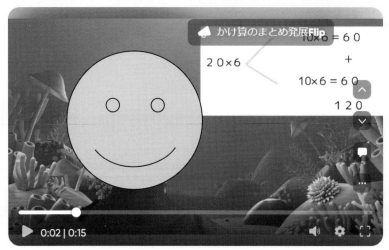

図2 自ら考えた問題を動画で説明する様子

明する課題を選んで行った様子です。

この子どもは、「20×6の計算の仕方を説明する」という課題にしました。図2の右上にある画像は、Canvaで作成して画像化したものです。以下、説明の内容です。

> 「これから、20×6の計算の仕方を説明します。かけられる数の20を10と10に分けます。10の段はもう学んでいるからです。すると、10×6＝60が2つできます。2つに分けたので、最後に合わせます。60＋60＝120で、20×6の答えは120です」

本単元で豊かにしてきた数学的な見方・考え方を働かせて説明していることがわかります。

自撮り動画機能を用いたCanvaの活用は、自分の考えを説明することを通して、思考力、判断力、表現力等を高める手段の1つとなります。

ノートやタイピングに依存したアウトプットよりも、音声によるアウトプットを好む子どももいます。そして、口頭による説明する力を高めることができるとともに、相互評価が可能なため他者からのフィードバックを得やすいことも利点です。大切なことは、子ども自身が「何のために動画によるアウトプットをCanvaでやるのかを理解していること」です。そして、「選択できること」です。

一方、教師にとっては、「思考・判断・表現」の評価として活用することができます。総括的評価の1つとして活用できるわけです。

2-2. 本実践の応用

本実践の応用として、次の2つの活動を挙げます。

> ①1単位時間の授業の適用問題として行う
> ②単元の解説動画をグループで作る

①については、評価の観点が「思考・判断・表現」の授業の際に応用できます。この際にも、アナログかデジタルかを子ども自身に選択させることが大切です。

②については、学期末や学年末の総復習として応用できます。単元ごとに分担を決め、共同編集機能を活用して大事な知識・技能や数学的な見方・考え方を中心にした解説動画を作るのです。これは、本年度実践予定です。また、第5章のpp.90-91で紹介する「算数ワールド(Minecraft Educationの活用案)を作ろう!」と組み合わせることもできます。

> **本実践のポイント**
> ☑ 単元末のまとめの時間の課題の1つに「自分の考えを説明する活動」を選択できるようにしよう!
> ☑ 思考力、判断力、表現力等を高める手段の1つにCanva(動画)を!

授業再考 01 「Canvaで身の回りにある〇〇を紹介しよう！」（全学年・主に図形領域）

01 ▶ 数学的な見方・考え方を働かせた〇〇紹介

1-1．これまでの授業

　主に「B図形」領域において、「身の回りにある〇〇を見つける活動」が多くの教科書に位置付けられています。例えば、以下の**表1**のような内容です。

表1 各学年の身の回りにある〇〇を見つける活動例

学年	活動の具体
第1学年	身の回りからいろいろな形のものを見つける
第2学年	身の回りから四角形の形をしたものを見つける
第3学年	身の回りから円の形をしたものを見つける
第4学年	身の回りから垂直、平行を見つける
第5学年	身の回りから角柱、円柱の形をしたものを見つける
第6学年	身の回りから線対称や点対称な形をしたものを見つける

　これまでであれば、ノートにメモしたことをもとに、紹介し合っていたことでしょう。しかしながら、実感を伴った理解にはつながりません。見つけてきた形を視覚化して紹介し合うことで、「〇〇に着目して形を捉える」といった数学的な見方・考え方がより豊かになっていくと考えます。これが今回の提案です。

02 ▶ 授業の再考

　本再考案の題材は、第5学年「角柱と円柱」です。本単元で働かせ、豊かにしたい数学的な見方・考え方は、「図形を構成する要素に着目して、図形の性質について考察する」です。

| 授業再考01 | 「Canvaで身の回りにある〇〇を紹介しよう!」(全学年・主に図形領域)

　角柱や円柱についての理解を深めるために、「身の回りから角柱、円柱の形をしたものを見つける活動」が設定されることがしばしばあります。この活動を通して授業の目標を達成するために、見つけた形をCanvaで紹介するという取組を行います。

　下の**図1**は、想定される子どもの紹介例です。

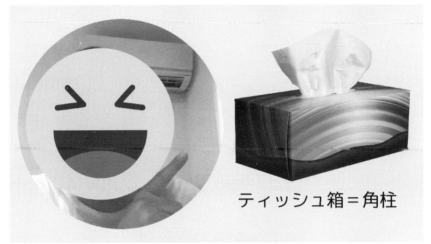

図1　想定される子どもの紹介例

　Canvaには相互参照機能があるため、身の回りにある様々な角柱、円柱の形を短時間で一気に共有できます。そして、動画で「何に着目して角柱、円柱の形と捉えたか」ということを言語化することを通して、互いの数学的な見方・考え方を顕在化し、共有していくのです。

　なお、ページは自由に増やすことができるので、1人でいくつでも紹介できます。さらに豊富な素材がこの紹介をさらに豊かにするでしょう。

授業再考案のポイント
☑ 互いの紹介を相互参照することで、数学的な見方・考え方を豊かに!

COLUMN 2
Canva×他教科の実践

　算数の授業以外でも、様々な教科・領域等でCanvaを活用しています。実践例の一部を紹介します。

- 国語　おすすめの本紹介（何年生でも可）
- 生活　明日へジャンプ（2年）
- 社会　昔の道具紹介（3年）
- 理科　春の推し生き物（3年）
- 音楽　音楽づくり（何年生でも可）
- 図工　鑑賞（何年生でも可）
- 学活　学級会（何年生でも可：学級のキャラクターを作ろう等、AIも活用）

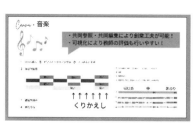

図1　Canva×音楽のよさ

①キャッチフレーズに合うモチーフをFormsで募集【事前の活動】

②Formsで集めた意見をCopilotとChatGPTで集約して、モチーフを絞る【本時】

③絞られたモチーフをもとに、手書きか画像生成AIを使ってキャラクターを作る【本時】

図2　学級会：キャラクター作成

　大切なことは、算数の授業と同様に「見方・考え方を働かせ、豊かにする」という視点での活用です。教科の本質を捉えて、活用していきましょう！

第 **3** 章

算数
×
Kahoot!

算数における
Kahoot!活用のポイント

▶ Kahoot!の特徴を生かして

1．Kahoot!の特徴

　第1章のp.18でも述べたように、Kahoot!はクイズ大会を開ける教育用アプリケーションです。遊び感覚で学ぶことができるのです。様々なモードや本格的なアニメーション、ランキング発表等、ゲーム的な要素が子どもたちを夢中にさせます。

　Kahoot!の最大の特徴は、「楽しみながら知識・技能を習熟できること」です。

　坂本（2023）は、Kahoot!の教育的効果について、

　　　繰り返し同じ問題にチャレンジすることで知識や技能の定着が図れたり、チームで作問することで思考・判断・表現といった力を育てたりと、極めて実務的な学びの形ができつつあるのだ。(pp.20-21)

と述べています。

　つまり、Kahoot!を用いることで、算数の授業の中でも大切にされている「知識・技能の習熟」及び「思考力、判断力、表現力等の育成」が達成できるわけです。これらをどのように組み込んでいくかを考えていくには、やはり教材研究が欠かせません。

2．算数の授業での活用の具体

　坂本（2023）は、Kahoot!の4つのステップとして、
　　STEP1　既存のクイズを出す
　　STEP2　指導者がクイズを作る

STEP3　子どもがクイズを作る
　　STEP4　ドリルや宿題として使う
を挙げています。

　STEP1・2・4については、繰り返し取り組むことができたり、自分の今の力を把握したりすることができるため、「知識・技能の習熟」をねらいにします。STEP3については、これまでの学びやそのポイントをふり返って問題を作成することになるため、「思考力、判断力、表現力等の育成」をねらいにします。

　STEP1では、手軽に活用できます。**図1**は、「Kahoot!の杜のリンク集－Wakelet」につながるQRコードです。

　学年別にKahoot!の問題がまとめられており、算数のみならず様々な教科の問題が即座に行えます。単元末テストの確認として活用したり、新単元のレディネステスト（プレテスト）として活用したりすることができます。

図1　「Kahoot!の杜のリンク集－Wakelet」のQRコード

　STEP3では、子どもたちが学んだことを活用して、問題を自ら作ることで、学びを深めることができます。

　Kahoot!には、共同編集機能はありません。そのため、Formsや表計算ソフトを活用して、Kahoot!の問題にすることになります。詳しくは、本章のpp.64～67をご覧ください。

　なお、私の学級では、保護者の許可を得てKahoot!に登録している子どももいます。その場合は、自分で作成したKahoot!を、学級の仲間に主催者として行うことができます。

【引用・参考文献】
・坂本良晶（2023）.『生産性が爆上がり！　さる先生の「ぜんぶギガでやろう！」』.学陽書房.

実践 01 「Kahoot!で問いを生む」（3年→全学年・全領域）

01 ▶ Kahoot!で「えっ？」「あれ？」という問いを生む

1-1. 系統性の強い教科だからこそKahoot!で問いを生む

　算数は、系統性の強い教科です。だからこそ、既習の知識・技能をもとに、新たな（未習の）知識・技能を創り出していくことができます。これは算数の本質でもあります。

　未習との出合いは大切にしたいです。これまでの学びとの違い等から、子ども自らの問いを生み、問題解決を進めていくことが肝要です。

　Kahoot!の特徴の1つである「知識・技能の習熟」をしつつ、「えっ？」「あれ？」という子どもの素朴な問いを生む実践を紹介します。

02 ▶ 取組の実際

　扱った題材は、第3学年「たし算とひき算の筆算」です。個別学習で行った実践です。次の**図1**は、本時の板書です。

　前時に繰り下がりのある3位数−3位数の筆算の仕方を考えた上で、

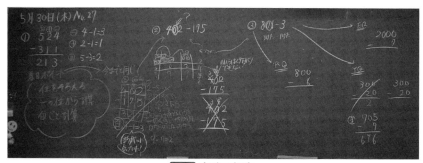

図1 本時の板書

3位数−3位数（一の位への波及的繰り下がりあり）に取り組みました。本時で働かせたい数学的な見方・考え方は、「数のまとまりに着目し、ひき算の筆算の方法について考察すること」です。

本授業の概要は、次のとおりです。

①Kahoot!に取り組む
②Kahoot!内に出てきた１つの問題の筆算の仕方を、復習として説明する
③着目ポイントを共有する（数学的な見方・考え方のこと）
④未習である原問題２問に取り組む
⑤原問題をもとに、問題を発展させる
⑥本時の学習を自分でまとめる

導入では、５問程度のKahoot!（クラシックモード）に取り組みました。その中に、**図2**のような問題を入れておきました。

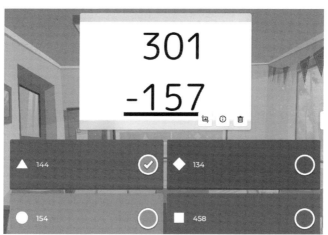

図2 導入で活用したKahoot!内にある最後の１問

ちなみに、Kahoot!内で使用した画像は、Canvaで作成したものです。また、このような計算問題をKahoot!で取り組む際には、ノートを使ってもよいことにしています。時間も長めに設定して行っています。なお、

導入でKahoot!に取り組む際には、休み時間の間にリンクを共有しておき、授業開始と同時に取り組むことができるようにしておくと、学習時間がしっかり確保できます。
　前時までの問題（繰り下がりなし、一の位または十の位へ繰り下がりあり、一の位及び十の位へ繰り下がりあり）とは違い、一の位に波及的繰り下がりがあるひき算の筆算です。

　C1：えっ？　先生、これなんか難しいよ！
　C2：あれ？　十の位が0で、繰り下がりできないんだけど……。
　C3：いや、ぼくはわかるよ！

などと、Kahoot!に取り組みながら呟いていました。C2さんのような呟きが本時の問いにつながっていきます。
　Kahoot!内に出てきた既習のひき算の筆算の仕方を説明し、着目ポイントを共有した後、以下のように進めました。

　T：5問目にあったような問題に、自分学習（学級内で共有している個別学習のこと）で取り組むよ。
　C1：あれ、難しかった！
　C2：なんか繰り下がりがうまくできないんだよね……。
　T：どうして？
　C3：だって、さっきもC2さんが言ってた気がするけど、十の位が0で借りれないんだもん！
　C4：そうそう！　どうしたらいいんだろう？
　T：なるほど！　C3さんやC4さんが言っている気持ちがわかる人？
　　（半数以上の子が手を挙げる）
　T：今日の問いは、これかな？
　C5：いやでも百の位から繰り下げればできるよ！

　Kahoot!に未習の問題を1問だけ入れることで、子どもの問いを生ん

だわけです。復習として「知識・技能の習熟」をしつつ、「課題意識の明確化」を図りました。

　この後は、個別学習として、まずは原問題に取り組みました。そして、問題を発展させて、学習を深めていきました。この際に、発展学習として、図3のようなKahoot!の問題を自ら作成し、みんなに解いてもらっている子どももいました。このような使い方は、「どのような問題を出せばよいか？」と、「思考・判断・表現」することにつながります。

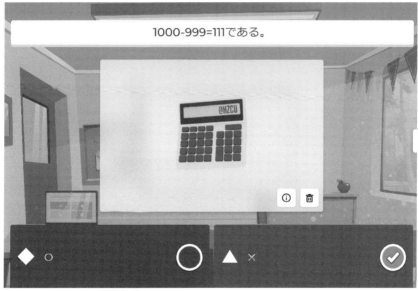

図3　発展学習として子どもが作成した問題

本実践のポイント
☑「知識・技能の習熟」をしつつ、意図的に仕組んだ未習の問題で、子どもの素朴な問いを生む！

実践 02　「Kahoot!でプレテストを作ろう！」
（3年 → 全学年・全領域）

01 ▶ みんなで作るKahoot!プレテスト

1-1.「思考力、判断力、表現力等の育成」に重点を置いたKahoot!活用法

　本章のp.58〜59において述べたように、Kahoot!は子どもたちが問題を作ることを通して、「思考力、判断力、表現力等の育成」を図ることができます。前節でも述べたように、「Kahoot!の問題づくり」は様々なメリットがあります。

　今回の提案は、単元の学習を整理するという目的のもと、学級のみんなで「Kahoot!でプレテストを作る」というものです。次節「Kahoot!で楽しく学習を振り返ろう！」と関連付けた実践でもあります。

02 ▶ 取組の実際

2-1. 取組の実際

　本実践は、第3学年「小数」で行われたものです。本単元で働かせ、豊かにしたい数学的な見方・考え方は、「数のまとまりに着目し、小数でも数の大きさを比べたり計算したりできることを考察する」です。

　基本的にKahoot!での問題づくりは、教科書や自分のノート、授業の板書を参考にして行うよう声がけをしています。私の学級では、Teamsをプラットフォームとしています。そのため、日々の授業の板書は各教科等の専用チャネルにアップロードされるようになっています。担当の当番の子どもがいますので、教師の手間もほとんどありません。

　次の**図1**は、本単元の板書の1つです。

| 実践02 | 「Kahoot!でプレテストを作ろう！」（3年 → 全学年・全領域）

図1 小数のひき算の板書

　私は板書をする際に、数学的な見方・考え方に関わるものは、黄色や赤色のチョークで書くようにしています。例えば、板書中央部にある「0.1が5個分」や板書右側にある「同じにしなきゃいけない」という子どもの発言は、1を10等分した単位（0.1）に着目している数学的な見方です。

　図2は、子どもが実際に作ったKahoot!の問題です。

```
10 - クイズ
10．5－3．7は、何をもとにすると「105－37」と見れますか？

▲  1                    ✕
◆  1．1                  ✕
●  0．1                  ✓
■  0．01                 ✕
```

図2 子どもが作ったKahoot!の問題

　この問題を作成した子どもは、1を10等分した単位（0.1）に着目しており、数学的な見方を働かせたといえるでしょう。

　このように、普段から数学的な見方・考え方を顕在化・言語化し、共有するようにしておくことが、Kahoot!の問題づくりにもつながってい

きます。

　図3も、子どもたちが作成したKahoot!の問題一覧の一部です。

図3 子どもたちが作成したKahoot!の問題一覧の一部

　計算問題の他に、自分で書いた数直線を画像に活用した問題もあります。また、子どもの言葉に基づき、小数のかけ算を発展として扱ったため、「777＝0.1×？」のような問題も出されました。

　「みんなの復習になるよりよいプレテストを作る」という相手意識が、子どもたちの思考・判断・表現を引き出すのです。

　なお、単元末のまとめの時間や朝の時間を活用して、問題を作成しています。

2-2. 問題の作成にあたって

　本章のpp.58-59でも述べたように、Kahoot!には「共同編集機能」がありません。そのため、みんなで問題づくりをする際には、ExcelやFormsを活用しています。

　どちらも所定の場所（例えばTeamsの算数用チャネル）に置いておけば、いつでも自分の意思で作成することができます。

　図4・5は、Microsoft Formsで作成した「Kahoot!問題作り用Forms」です。

実践02 「Kahoot!でプレテストを作ろう！」（3年 → 全学年・全領域）

図4 〇×クイズ用Forms

図5 4択クイズ用Forms

これらは複製して活用できます。集めた問題は、Excel（他の表計算ソフトでも同様のことが可能）で開くことができます。

また、図6のQRコードは、Kahoot!公式サイトにある問題作成テンプレートをダウンロードするページにつながっています。英語表記ではありますが、このテンプレートを活用すれば、簡単に問題づくりの共同編集ができます。

図6 ダウンロードページのQRコード

なお、Kahoot!はスプレッドシートのインポート機能があるため、時短でゲーム作成プロセスを向上することができます。

> **本実践のポイント**
> ☑ Kahoot!での問題づくりを、思考力、判断力、表現力等の育成の1つの手立てに！
> ☑ 表計算ソフトやFormsを活用してKahoot!作成の時短も可能！

> 実践 03

「Kahoot!で楽しく学習を振り返ろう！」（3年 → 全学年・全領域）

▶「思考力、判断力、表現力等の育成」からの「知識・技能の習熟」

1．楽しみながら復習を

　前節「Kahoot!でプレテストを作ろう！」と関連付いた実践の紹介です。

　みんなで作成したプレテストは、単元テストの前に行います。ゲーム性の強いKahoot!だからこそ、楽しみながら単元を振り返りながら復習ができます。

　学期末に「まとめテスト」を実施する学級も多いことでしょう。そこで、図1のように割り当てるKahoot!を作成し、Teamsなどに共有して

図1　割り当てるKahoot!を作成する画面

おきます。子どもたちは自分のタイミングで、まとめテストの復習に取り組むことができます。家庭でも、そして、何度でも（制限人数内で）取り組むことも可能です。

このように、「思考力、判断力、表現力等の育成」から「知識・技能の習熟」へとつなげていくのです。大切なことは、「何のために取り組むKahoot!なのか」です。

2．実施にあたって

実際には、「学級のみんなで作成したKahoot!」以外にも、「教師が作ったKahoot!」「Kahoot!の杜のリンク集にあるKahoot!（本章のpp.58〜59参照）」「登録している子どもが作ったKahoot!」を単元テストの前に実施しています。

また、**図2**のような解説スライドを問題の後に入れておくことで、本単元で豊かにしたい数学的な見方・考え方も意識できるようにします。

図2 問題の解説スライド

本章で紹介したように、Kahoot!を使って楽しく「知識・技能の習熟」を図ることは、学びの在り方の1つです。しかしながら、正解・不正解による得点やランキングばかりを気にするのではなく、解説スライドにもしっかり目を向ける雰囲気をつくることも大切です。

本実践のポイント

☑ 目的意識を子どもたちにしっかりと伝え、楽しみながらKahoot!で復習を！

実践 04 「〇の段のまとめにKahoot!を」（2年・数と計算）

01 ▶ 思考、判断、表現しながら九九の習熟を

1-1．九九の習熟は暗記のみにあらず②

　第2章のpp.32-35では、「Canvaで〇の段をまとめよう！」の実践を紹介しました。本実践は、この実践に関連付いたものです。併せてご覧ください。

　九九の習熟を、「Kahoot!の問題づくり」で行う提案です。九九の習熟を問題づくりで行うことには、以下のようなメリットが考えられます。

> ①理解の深化
> 問題を作ることで、子どもたちは九九の計算をするだけでなく、その背後にある数学的な概念をより深く理解することができます。
>
> ②創造性の育成
> 自分で問題を作ることは、子どもたちの創造性を育てる絶好の機会です。
>
> ③自己評価の機会の獲得
> 自分で問題を作り、それを解くことで、子どもたちは自分自身の理解度を評価することができます。
>
> ④相手意識をもった学習
> 「学級のみんなや来年度の2年生に解いてもらう」という相手意識が明確になることで、他者視点で問題を考えることができます。

　つまり、九九の問題を作るために「思考・判断・表現」することを通して、作成者は九九の習熟を図ることができるというわけです。さらに、作成した問題は自分でも何度も取り組めますし、友だちに提供すること

もできます。提供されたKahoot!に取り組む子どもも、楽しみながら「知識・技能の習熟」を図ることができます。

02 ▶ 取組の実際

かけ算の学習で働かせ、豊かにしたい数学的な見方・考え方は、
　○数量の関係に着目し、計算の意味や計算の仕方を考えること
　○数量の関係に着目し、計算に関して成り立つ性質などを見いだす
　○計算に関して成り立つ性質を活用して、計算を工夫したり確かめ
　　をしたりする
です。

これらの数学的な見方・考え方を意識しながら、子どもが問題づくりをできるようにするためには、教師の言葉がけが欠かせません。「どうしてそのような問題を作ったの？」「かけ算のきまりを使った問題を考えたんだね！　素晴らしい！」などの声がけを、作成者一人ひとりに行いました。

また、作成者と同じ段のグループの子どもたち（この子どもたちはCanvaを用いたまとめを作成）にKahoot!に取り組んでもらい、アドバイスをもらって加除修正を行うようにしました。自己評価だけでなく、他者評価を行うことで、よりよい問題ができます。また、自身の理解を深めることができます。

次の**図1・2**は、子どもたちが作成したKahoot!の問題の一部です。

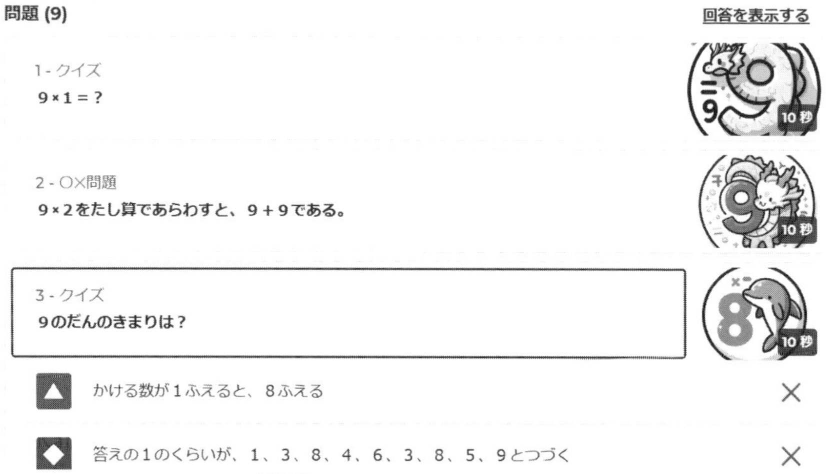

問題 (9)

1 - クイズ
9 × 1 = ?

2 - ○×問題
9×2をたし算であらわすと、9 + 9である。

3 - クイズ
9のだんのきまりは？

▲ かける数が1ふえると、8ふえる　　　　　　　　　　　×

◆ 答えの1のくらいが、1、3、8、4、6、3、8、5、9とつづく　×

図1 9の段のKahoot!の一部

問題 (9)

1 - クイズ
3 × 9 = ?

2 - クイズ
下の図は、どんなしきでもとめられますか？

3 - クイズ
3 × 4 + 3 = ?

4 - ○×問題
3 × 5 + 3 = 3 × 6

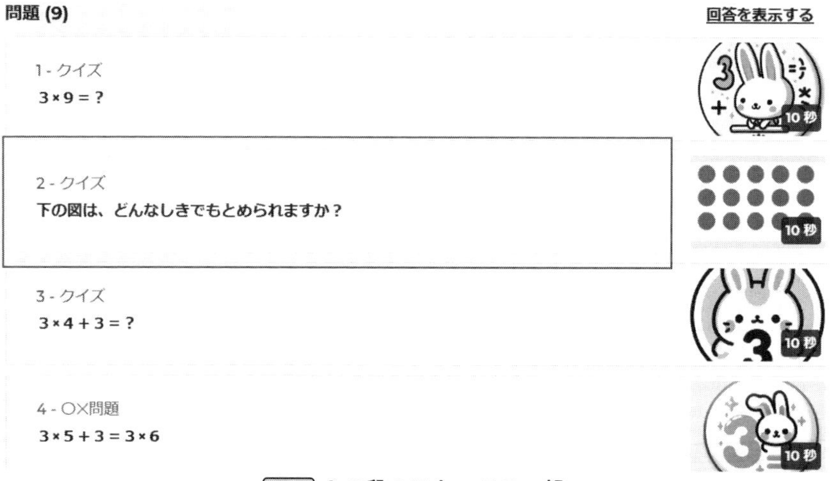

図2 3の段のKahoot!の一部

　9の段の作成者（図1）は、単純な計算問題だけではなく、3問目のようなかけ算のきまりに関わる問題も作っています。これまで学んできた知識を総動員し、解答欄も考えています。

　3の段の作成者（図2）は、図から式を読む問題を作成しました。教

科書の図を写真で撮ってアップロードしていたので、Canvaで作成するよう助言し、一緒にアレイ図を作成しました。このように、Kahoot!の画像を補完する意味でCanvaとの相性は抜群です。

他の段の作成者も同様の工夫を凝らしていました。以下に、作成者である子どもの振り返りの一部を紹介します。

> ○問題を作ったことで、めちゃくちゃ考えました。九九をより覚えられた気がします。
> ○はじめは計算問題ばかり作っていました。でも、同じグループの友だちにやってもらったことで、「九九のきまりを入れる」みたいな自分にはない考えがわかりました。それで、よりよい問題が作れたと思います。

なお、Kahoot!には、取り組まれた問題に対してのレポート機能があります。回答者の回答具合によって、難易度やヘルプが必要な参加者が表示されます。これを作成者と参加者への個別支援へと活用することができます。

一方で、留意点もあります。Kahoot!の無料登録では、1つのKahoot!に取り組める人数の制限（40人）があります。この点には留意が必要です。

本実践のポイント
- ☑ Kahoot!を用いて○の段をまとめることを習熟の1つの手立てに！
- ☑ 作成したKahoot!を自己評価及び他者評価することで、九九へのより深い理解を！

【参考文献】
・文部科学省（2018）.『小学校学習指導要領(平成29年告示)解説算数編』.日本文教出版.

COLUMN 3
Kahoot!×他教科の実践

　私は算数の授業以外でも、様々な教科等でKahoot!を活用しています。基本的な使い方は同様です。本章のp.59でも紹介した、「Kahoot!の杜のリンク集－Wakelet」を活用すれば、手軽に、そして楽しみながら「知識・技能」の習得が可能です。

　図1は、ある生活科の授業で行ったKahoot!の一部です。

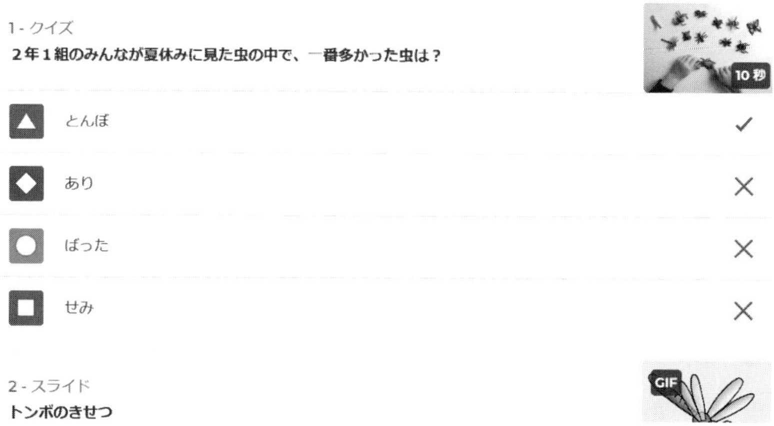

1 - クイズ
2年1組のみんなが夏休みに見た虫の中で、一番多かった虫は？

- ▲ とんぼ　　✓
- ◆ あり　　✗
- ● ばった　　✗
- ■ せみ　　✗

2 - スライド
トンボのきせつ

図1 生活科の授業で行ったKahoot!の一部

　子どもたちの夏休みの生き物に関わる思い出を集約して、作成しました。「知識・技能の習熟」や「思考力、判断力、表現力等の育成」だけではなく、今後の学習の動機付けの1つにもなります。

　私は、授業参観でもKahoot!を使うことがあります。保護者の皆様にも、そのよさの一端を理解していただきたいという思いからです。また、スマホでQRコードを読み込んでいただければ、子どもたちと一緒に保護者の皆様も参加できます。「お母さん、一緒にやろうよ！」と子どもたちが誘う姿は、教師、子ども、保護者の三位一体で学級を創っていくという思いにつながっているとも感じます。

第 **4** 章

算数
×
Padlet

算数における
Padlet活用のポイント

▶ Padletの特徴を生かして

1．Padletの特徴

　第１章のpp.18～19でも述べたように、Padletは文書や画像等を整理、共有する際に役立つ教育ツールです。教員がボード（掲示板）をつくり、子どもたちを招待することで利用できます。

　Padletには、６種類のボード（ウォール、ストリーム、タイムライン、ストーリーボード、キャンバス、マップ）があり、学習活動に応じてより適切なボードを選択することが可能です。キャンパスを除く５つのボードには、セクションのON/OFF機能もあります。

　坂本（2023）は、Padletの活用例として、
　　①学習交流で相互評価：使用ボード「ウォール」
　　②社会「命とくらしを支える水」における学びの足跡が残ること：
　　　使用ボード「シェルフ」
　　③国語「都道府県の特色を表現する文章を書くこと：使用ボード
　　　「マップ」
を挙げています。

　私自身が様々な教科・領域等で活用してきた経験も踏まえると、算数の授業の中で使うという視点で見たとき、Padletの特徴は２つあると考えます。その２つが、「相互参照・相互評価」「学びの蓄積」です。

2．算数の授業でよく使うボードと２つの特徴

　私が、算数の授業でよく使うボードは、「ウォール」です。次の**図１**

のように、ウォールセクションOFFはコンテンツごとにブロック形式のレイアウトにまとめます。またセクションをONにすると、**図2**のように異なった列にコンテンツを追加していくことができます。

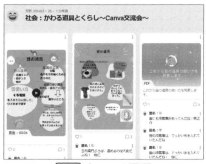

図1 ウォール画面

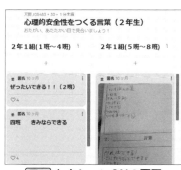

図2 セクションONの画面

　ウォールセクションOFFでは、「相互参照・相互評価」の特徴が生かされやすいです。例えば、第2学年「かけ算」では、身の回りのものから乗法の式になる場面を見いだす活動が行われることがあります。見つけた場面をPadlet内のカメラ機能を使って撮影し、アップロードしていきます。

　学級の友だちが見つけた場面について、どのような式になるかコメントすることも可能です。これは、事象を数理的に捉え論理的に考察することにつながります。

　セクションONでは、「学びの蓄積」の特徴が生かされやすいです。毎時間の振り返りを打ち込んだり、自分のノートを撮影してアップロードしたりして、学びを蓄積していくことができます。

　算数におけるPadlet活用のポイントは、セクションのON/OFFの切り替えです。

【引用・参考文献】
・坂本良晶（2023）．『生産性が爆上がり！　さる先生の「ぜんぶギガでやろう！」』．学陽房．

実践01 「Padletで学びのポートフォリオ」（2年 → 全学年・全領域）

01 ▶ 学びのポートフォリオに

1-1. 学びの足跡を残すための試行錯誤

　GIGAスクール構想が始まって2年目だったでしょうか。私は、子どもが「アナログ」か「デジタル」か、選択することができるよう意識していました。

　あるとき、ある子どもから、

「先生！　授業の振り返りも端末でできたらうれしいな！」

と、言われました。

　そこでまず取り組んだことは、プラットフォームにしていたTeamsのグループチャットに振り返りを打ち込ませることでした。

> 〇ノートのように簡単に前時の振り返りを見ることが難しい
> 〇誰かが投稿する度にタイピングが中断されやすい

という課題が、やっていくうちに見えてきました。

　次に、TeamsにExcelを貼り付け、自分の名前の枠に振り返りを打ち込んでいく取組を試しました。共同編集ができる点、学びが積み重なっていく様子が可視化された点はよかったものの、うっかり友だちの振り返りを消すなどの問題も起こりました。

　そうして試行錯誤をしていくうちに辿り着いたアプリが、Padletだったのです。

1-2. 学びの蓄積という特徴を生かす

本章のpp.78-79でも述べたように、算数の授業で活用するという視点でのPadletの特徴の1つは、「学びの蓄積」です。

図1 子ども一人ひとりの名前を付けた列を作ったシェルフ

図1のように、ウォールセクションONのボードに、子ども一人ひとりの名前を付けた列を作っていきます。縦の列は、「セクション」と呼ばれます。この「セクション」の下に、「＋」ボタンから様々な情報を追加していくことができます。また、追加した情報が一番上に表示されるか、一番下に表示されるかは、設定から変更することができます。

単元を通して、または学期を通して、学びの足跡を残していきます。それは、子ども自身の振り返りであったり、ノートや板書写真のアップロードであったりします。

また、相互参照が可能なため、個人だけではなく学級全体のポートフォリオにもなります。

一方で、写真などの投稿が多いと、どうしても重くなり、開くことに時間がかかってしまいます。そこで、共有メニューから「区切りリンク」を選択します。セクションごとのリンクを生成することができ、この問題をクリアできます。無料登録のPadletはボード数の制限もありますが、ボード数が少ない場合も役立ちます。ただし、相互参照はできなくなります。

02 ▶ 取組の実際

Padletで学びのポートフォリオ化に取り組んだ単元の1つとして、第2学年「4桁の数」があります。

図2は、Padletで実際に本時の振り返りを積み重ねている様子です。

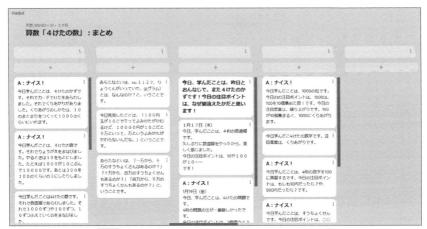

図2 実際の振り返り用Padletのシェルフの一部

図2からもわかるように、全員がPadletでの振り返りに取り組むわけではありません。右の列の子どものように、Padletではなくノートで振り返りを書く子どもも当然います。デジタルかアナログかは、子ども自身が選択します。また、左から2番目の列の子どものように途中で変更することも認めています。

ところで、投稿のタイトルに「A：ナイス！」という言葉があることに気付きましたか？ これは、教師によるフィードバックです。二宮(2017)は、算数の学習における振り返り・まとめについて、

数学的活動を進めるにあたり、「問題解決過程の振り返り」は絶えず行われるべきであり、児童は自分の活動に意識的・自覚的であるべきである。このように活動を進めていく経験を通して、「自分の活動を客観的に捉えること」「自分の活動を意識的にコントロール

すること」ができるよう、児童を促したい。そのためには、<u>学習の振り返り・まとめを意識的に行うこと、自らの学習の成果を自覚させること、更にはそれを表現させること</u>、などの方策を、教師は意図的に進めていく必要がある。(pp.1-2, 下線筆者)

と述べています。さらに、子どもの望ましい「数学的活動」を促すために、これからの教育評価を考えるためにも、「学習の振り返り・まとめ」を意識的に行うことの重要性を示唆しています。

アナログだろうとデジタルだろうと、本時の学習の総括としての振り返り・まとめを自覚的に行うことが大切です。だからこそ私は、

【振り返り・まとめの視点】
① 今日の学習で学んだ大事なこと
② 着目ポイント(自分や友だちの数学的な見方・考え方のよさ)
③ これからの学習への問い・発展

という視点を授業で提示しています。

話は戻りますが、この視点に沿って自覚的に振り返り・まとめを行うことができている子どもに、「A:ナイス!」と、フィードバックします。もちろんこの基準は、子どもたちにも共有しています。

このように学びの足跡をポートフォリオ化することで、働かせた数学的な見方・考え方について、単元を超えて結び付ける姿が期待できます。

本実践のポイント
- ☑ Padletで学びをポートフォリオ化!
- ☑ 働かせた数学的な見方・考え方を顕在化・言語化できるような、振り返り・まとめの視点を!

【引用・参考文献】
・二宮裕之 (2017).「算数の授業で育てたい資質・能力を考える」.日本数学教育学会 授業づくり研究会シンポジウム資料』, pp.1-2.

| 実践 02 | 「Padletで長さクイズ！」
（3年・測定 → 他学年・他領域応用可）

▶ 相互参照・相互評価の特徴をうまく生かす

1．日常から算数を見つける活動とPadlet

　算数の授業ではしばしば、身の回りから算数に関わる場面や状況を見つける活動が設定されます。例えば、「かけ算さがし」「形さがし」などです。

　このような「日常から算数を見つける活動」をする際には、Padletの「相互参照・相互評価」という特徴が十分に生かされます。もちろんCanvaでも同様のことができるでしょう。ただ、1つのページに収まっているPadletの方が使い勝手がよいです。

2．取組の実際

　本実践は、第3学年「長いものの長さのはかり方と表し方」において行われた授業です。使ったボードは、ウォールセクションOFFです。

　巻き尺の使い方を学んだ後、

> 「様々なものの長さを測ってみよう！　そして、どれくらいの長さだったか、写真とともにPadletに投稿しよう！」

と投げかけました。

　子どもたちは、教室のみならず、体育館や校庭まで足を延ばし、様々なものの長さを測りました。

　次のページの**図1**は、子どもたちの活動の成果の一部です。相互参照機能があるため、自分では測ることのできなかったものの長さについても共有できるわけです。

| 実践02 | 「Padletで長さクイズ！」（3年・測定 → 他学年・他領域応用可）|

図1　子どもたちの活動の成果の一部（Padlet）

　ところで、読者の皆様はお気付きでしょうか？　測ったものとその長さを投稿している子どもたちもいれば、クイズ形式にして投稿している子どももいます。これには、私も驚かされました。

　コメントによる相互評価だけではなく、クイズへの回答欄という機能も追加されたわけです。子どもたちの発想には、あっぱれですね！　思わず、Padletのボードのタイトルも変えてしまうくらいです。

本実践のポイント
- ☑ 日常から算数を見つける活動にはぜひPadletを！
- ☑ Padletへの投稿をクイズ形式にすることで、相互評価だけではなく回答欄という機能も追加！

実践 03 「Padletで九九検定をしよう！」（2年・数と計算）

▶ Padletのボイスレコーダーで九九検定を

1. 九九検定をもっとスマートに

2年生の代名詞といえば、「九九検定」でしょうか？　私も令和5年度、デジタルバッジとデジタルカード（Copilotで作成）実践を組み合わせて実施しました。

しかしながら、なかなか一人ひとりの九九暗唱を聞く機会が確保できませんでした。2年生の担任をしたことのある先生方は、この気持ちがわかるでしょうか？

これを解決したものが、Padletの「オーディオレコーダー」です。

図1のように、Padletには様々な添付ファイルタイプがあります。これも、Padletの特徴の1つといえるでしょう。

九九検定の最大の問題点は、数多くの子どもたちの、すべての段の九九（あがり、さがり、ばらばらの3種類込み）を、教師1人で聞き取ることです。しかし、Padletのオーディオレコーダーを用いて、子どもたちに九九の暗唱を録音してもらえば、放課後でも九九検定の確認ができるわけです。

図1　Padletの様々な添付ファイルタイプ

2．取組の実際

図2は、実際に活用したPadletです。使用しているボードは、ウォールセクションONです。

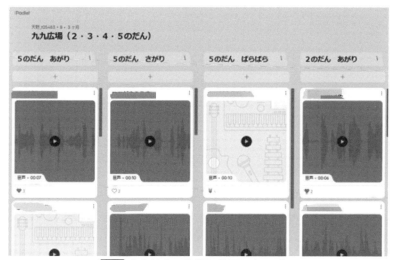

図2 九九検定で実際に使用したPadlet

セクションに「○のだん　あがり（さがりorばらばらも）」と名付け、その下にどんどん九九の暗唱を投稿してもらいます。学校でやってもよいですし、もちろん家でやってもよいことにしました。

学級の3分の1程度の子どもは、Padletのオーディオレコーダーで取り組んでいました。ある子どもは、「自分のペースで、何度もチャレンジできることがいい！」と言っていました。

1年生の計算カードを使った、たし算とひき算の暗唱においても活用できそうです。ただし、活用できる場面が少ないことも事実です。

本実践のポイント

- ☑ 九九検定ではPadletのオーディオレコーダーが大活躍！
- ☑ 本実践の算数科における転用はかなり少ない。ただし、国語の音読や外国語活動のスピーチ練習等では大活躍間違いなし！

COLUMN 4
Padlet×他教科の実践

　Padletについては、図工と書写での活用が多いです。

【①図工での活用】

　ウォールセクションOFFのボードを使って、製作した作品を無記名でアップロードします。「いいね」や「コメント」機能をONにしておくと、相互評価もできます。

図1　オンライン美術展の一部

　また、図工での活用のよさは、QRコードを発行して学級通信などに掲載すれば、保護者の皆様の目にふれる機会のない図工作品も見てもらうことができることです。

【②書写での活用】

　ウォールセクションONのボードを使って、子ども一人ひとりの名前を付けた列を作り、習字の作品を随時アップロードしてもらうようにしています。書写の学びを蓄積できるだけではなく、タイピングでの振り返りも可能です。

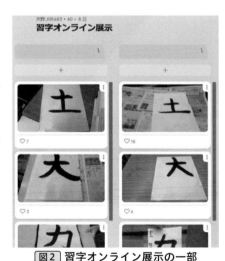

図2　習字オンライン展示の一部

第 5 章

算数
×
Minecraft
Education

算数におけるMinecraft Education活用のポイント

▶ Minecraft Educationの特徴を生かして

1．Minecraft Educationの特徴

　みなさんは、Minecraftをやったことがあるでしょうか？　私は、学級の子どもたちに基礎から教えてもらいました。今もMinecraftの詳しい知識等は、子どもたちから教えてもらっているくらいです。

　第1章のpp.18〜19でも述べたように、Minecraft Educationは「ものづくりゲームの一種であるMinecraftを、プログラミング教育・情報教育・協同学習などの教材として使えるようにした教育向けエディション」です。

　Minecraftには、パソコン版・スマホ版・家庭用ゲーム機版など様々な環境に対応したものがあり、実際にゲームとして遊んでいる子どもも多いです。私が初めて学級に導入したときは、学級の子どもたちのおよそ90％の子どもが経験したことがあると答えていました。これは、新年度新学級でもほぼ同様で、子どもたちの中に浸透しているのです。

　文部科学省（2020）は、Minecraftについて、
> Minecraftの世界はすべてブロックで出来ていて、ブロックを壊して素材を手に入れ、その素材をもとに建物や家具などを作ったり、ブロックの組み合わせでオリジナルの世界を構築したり、その世界のなかを冒険したり、創意工夫してプログラミングしながら遊ぶことができる。また他ユーザーが作った世界へ行ったり、多くのユーザーと一緒に遊んだりすることも可能。一般的なゲームのように「ボスを倒す」「ミッションを制覇する」といった明確なルールやゴ

ールはなく、人それぞれの楽しみ方がある。

と述べています。さらに、Minecraft Educationの教育的価値について、

教育版では、「クラスの生徒と指導者」が一つの世界を共有でき、その中でクラスメートとの共同作業をおこなう。一人勝手な世界を作るのではなく、<u>クラスメートとどのように協力して世界を作るか、共同作業を通して協調性も身につけながらプログラミング的思考を学ぶことのできる教材</u>である。（下線筆者）

とも述べています。

上述したことから考えられるMinecraft Educationの特徴の１つは、

共同作業やコミュニケーションを通して、１つの作品を仕上げること

といえるでしょう。

また、作成したワールドデータは、エクスポート（データの書き出し）することができます。そして、エクスポートしたデータは配付することができます。つまり、作成したワールドを他者に活用してもらうことができるのです。これも、大きな特徴の１つです。

これらの特徴を算数の授業に生かすようにしています。一方で、夢中になってしまうあまり、様々な問題が起きると考える先生方もいらっしゃるでしょう。しかしながら、端末活用時に起こる問題は「端末の文房具化」をする上で避けては通れません。だからこそ、第１章のpp.10〜11でも述べたように、学級の「心理的安全性」を高めることが大切です。

なお、Minecraft Educationの利用にはMicrosoft 365のアカウントが必要です。

【引用・参考文献】
・文部科学省 (2020).「教育版マインクラフト」.
　https://www.mext.go.jp/miraino_manabi/content/376.html （2024.07.06最終確認）.

「算数ワールドを作ろう！」
（全学年・全領域）

授業再考 01

01 ▶ 算数の学習にもゴールを

1-1. 算数ワールド作成というゴールを

　算数のある単元の、ある時間の学習をする上での目標とは何でしょうか？　もちろん、基本的には単元のねらいや本時のねらいに位置付くものになります。では、当該学年の算数の学習の目標とは何でしょうか？

　例えば、国語であれば「○年○組生き物ブックを作ろう！」という単元の目標が、生活であれば本章のcolumnでも紹介する「大砂土東小学校区ワールドを作ろう！」という単元の目標が、具体的に設定されます。つまり、学習のゴールがあるわけです。

　第2章のpp.38-41で述べたように、「Dデータの活用」領域では単元の具体的なゴールが設定されることが多いです。一方で、他の領域でそのような実践はほとんど見たことがありません。もちろん、算数の学習自体においても、です。

　私は、「算数の学習にもっと明確なゴールがあれば、学びがよりおもしろくなるのではないか？」という課題意識が、以前からありました。そこで考えたことが、今回の「算数ワールドを作ろう！」という提案です。

02 ▶ 授業の再考

2-1. 具体的な実践案

　算数ワールドとは、当該学年の算数の学習の総復習ができる、Minecraft Educationで作られた学びの疑似テーマパークです。

　第4学年を例に挙げてみます。ワールド内には、「1億より大きい数

の館」「わり算の筆算の館」など、単元の学習に基づく施設を作ります。そして、その施設内にNPCを配置します。NPCとは、プレイヤーが操作できないMinecraft内のキャラクターです。NPCをクリックすると、ダイアログやリンクが表示されます。ダイアログにはその単元で働かせ、豊かにしたい数学的な見方・考え方を記載します。リンクにはCanvaで作成した単元のまとめ（第2章のpp.34-37参照）やKahoot!によるプレテスト（第3章のpp.64-67参照）を埋め込みます。学習が進むごとに、どんどん施設を増やしていきます。1年をかけて、完成させていきます。

　Minecraft Educationの特徴の1つである「共同作業やコミュニケーションを通して、1つの作品を創り上げること」が、十分に生かされる実践になると考えます。単元の施設を作る際やNPCのダイアログに記載する着目ポイントを考える際には、単元を改めて振り返る必要性が出てきます。復習と同時に、改めて考えるきっかけにもなるわけです。

　また、単元ごとにCanvaまとめやKahoot!のプレテストを作成しておくことで、手間と時間はさほどかかりません。私の学級では、単元末の個別学習の時間に、ほぼ必ずCanvaまとめやKahoot!の問題づくりをする子どもがいます。家庭学習でやってくる子もいます。これを活用するのも、1つの手立てです。また、Canvaの単元まとめに関しては、学期末の復習として作成しても効果は高いでしょう。

　さらに、もう1つの特徴を生かして、作成したデータをエクスポートして配付できるようにします。すると、学級の仲間以外にも体験してもらうことが可能になります。つまり、算数ワールド作成が相手・目的意識（例：来年度の当該学年のために作成する）になりえるのです。

　学期末や学年末に、自分たちが作成してきた学びの疑似テーマパーク「算数ワールド」で遊ぶって、かなりワクワクしませんか？

授業再考案のポイント
☑ 算数ワールド作成を、算数の学びの明確な目標に！

授業再考 02 「Minecraft Educationで形遊びをしよう！」　　（1年・図形）

01 ▶ 遊びながら形に親しむ

1-1．これまでの授業

　文部科学省（2018）は、形とその捉え方について具体的に示しています。さらに、図形についての理解の基礎における大切なポイントとして、以下のように示しています。

> 箱の形であるならば平らな面を使って重ねたり立てたりすることができるというように、その形のもつ性質や特徴を用いて目的を達成したり問題を解決したりすることができるようにし、この学年以降も児童が図形に親しみを深めていけるよう指導することが大切である。(p.90)

　これまでの授業でも大切にされてきたように、特に低学年では具体物を操作しながら図形に関わっていくことが欠かせません。一方で、形について学ぶことの楽しさを感じる経験をするという点では、多くの子どもたちに大人気であるMinecraft Educationの活用は、効果的ではないでしょうか。これが、今回の提案です。

02 ▶ 授業の再考

　本再考案の題材は、「かたちあそび」です。本単元で大切にしたい数学的な見方・考え方は、「身の回りにある立体図形の形に着目して特徴や機能を捉えたり、構成や分解を考えたりする」です。

　Minecraftで使われるブロックは、基本的に立方体です。ハーフブロックと呼ばれる直方体のブロックもあります。基本的に、重ねて積み上

げることができる立体は、立方体や直方体になります。そのため、形の機能的な性質について、楽しみながら理解することができます。

一方で、

> 個々の辺の長さや角の大きさについては着目せず全体で形を捉えるため、例えば楽器のトライアングルのようにかどが丸みを帯びていたり、一部が切れている形も「さんかく」に含まれることになる。
> （文部科学省，2018，P.89）

と示されている通り、子どもたちが作成した立体を面の形に着目して全体で捉えるため、様々な形に親しむことができます。

例えば、右の**図1**は山をイメージして作成しました。「さんかく」と捉えることができるでしょう。

「身の回りにあるいろいろな形のものを作ってみよう！」と投げかければ、発想力豊かな立体ができ、形について学ぶことの楽しさを感じる活動になると考えます。

図1 筆者が作成した山

授業再考案のポイント

☑ Minecraft Educationで、形について楽しく学ぼう！
☑ 子どもたちが作る多様な立体を互いに見合うことで、形に親しもう！

【引用・参考文献】
・文部科学省（2018）.『小学校学習指導要領（平成29年告示）解説算数編』.日本文教出版.

実践 01 「九九ワールドを作ろう！」（2年・数と計算）

01 ▶ Minecraft Educationをプラットフォームに

1−1．Minecraft EducationでCanvaとKahoot!の製作物を集約する

本実践は、第2章のpp.34-37の「Canvaで○の段をまとめよう！」と関連付いた実践です。取組の計画や期待される効果等については、そちらをご覧ください。

本章のpp.90-91でも少し取り上げましたが、Minecraft Educationの特徴の1つとして「NPCにリンクを貼ることができること」が挙げられます。この特徴が、リンクを発行できるCanvaやKahoot!との相性を抜群にしています。

図1は、NPCにリンクを貼る様子です。

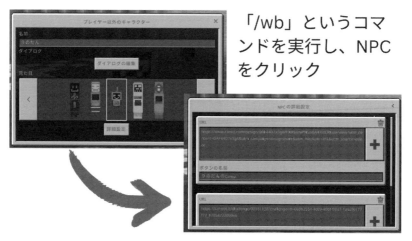

図1 NPCにリンクを貼る様子

NPCにリンクを貼ることで、参加者はボタンをクリックしてリンクにとぶことができるようになります。

　図2は、ボタンをクリックしてリンクにとぶ具体的な様子です。

図2　ボタンからリンクにとぶ様子

　このように、CanvaとKahoot!の製作物を集約することができるのです。もちろん、Padlet等のリンクも貼ることができます。Minecraft Educationがこれまで紹介したアプリのプラットフォームになるわけです。

02 ▶ 取組の実際

　製作する九九ワールドの各段の担当が決まった後、子どもたちはグループごとに「どんな施設にするか」を話し合いました。

　例えば、次のページの図3は「3の段」の施設です。三角形の建造物になっています。作成者の子どもたちに、その理由を聞いてみました。

　T：どうしてこの形にしようと思ったの？
　C1：3の段だから3に関わるものにしたかったんだ！　3といえば、三角形でしょ？

C2：そうそう！　だから三角形っぽい形にしたんだ！

　グループの仲間とのコミュニケーションを通して、より適した建造物を作ったわけです。

図3　3の段の建造物

　図4は、8の段の建造物です。かけ算の式をブロックで表しています。そして、その式の答えをすべて答えた成果として、宝箱の宝石を手に入れることができるなどの楽しい仕掛けもあります。

図4　8の段の建造物

九九ワールドを作ることが、直接かけ算の単元で働かせ、豊かにしたい数学的な見方・考え方の育成につながるわけではありません。しかしながら、他のアプリと組み合わせることで効果的になりえるのです。

03 ▶ 実践のその後

九九ワールドを作成した後は、自分たちが遊ぶだけではなく、同学年、他学級の子どもたちにも体験してもらいました。

また、令和6年度の2年生がかけ算の学習に入る際に、担任の先生方を通して体験してもらう予定です。予習として九九に興味をもってもらったり、復習として楽しみながら習熟を図ったりする効果を期待しています。

なお、Canvaの公開閲覧用リンクが切れることはありませんが、Kahoot!の割り当てられたリンクは期限と人数制限があります。そのため、リンクの貼り直しという問題点は存在します。

図5 QRコード（Padletにつながります）から、Minecraft Educationで作成した「九九ワールド」をエクスポートしたコピーデータをダウンロードできます。体験していただくとともに、2年生を担任している先生方は学級で活用してみてください。

図5 Padletの九九ワールドのコピーデータのあるQRコード

本実践のポイント
- ☑ Minecraft Educationを様々なアプリのプラットフォームに！
- ☑ 共同作業とコミュニケーションでより適切な建造物を！

「箱の形ワールドを作ろう！」
（２年・図形）

実践 02

01 ▶ 立体を扱う単元と抜群の相性のMinecraft Education

１-１．Minecraft Educationで箱の形の探究を

第２学年の「B図形」領域において、次の指導事項があります。

（ウ）正方形や長方形の面で構成される箱の形をしたものについて理解し、それらを構成したり分解したりすること。(p.118)

本題材で働かせ、豊かにしたい数学的な見方・考え方としては、「図形を構成する要素に着目して図形を捉える」です。また、数学的な活動の１つとして、「箱の形の探究」も示されています。

これまで述べてきたように、Minecraftのブロックは立方体および直方体が基本です。本題材には、ぴったりのアプリです。また、実際の操作を通して立体を作る活動とMinecraft Educationの中で立体を作る活動を組み合わせることで、より箱の形の探究がなされると考えました。

上述したことを受けて、今回は「箱の形のワールドを作ろう！」という提案をします。単元を通して学んできたことを、Minecraft Educationを使ってアウトプットするわけです。

02 ▶ 取組の実際

２-１．単元の計画

本実践の単元計画は、次のとおりです。

| 目的意識：クラスのみんなや保護者に、自分の好きな箱の形を紹介する |
| 相手意識：クラスの仲間及び保護者の皆様 |

実践02 「箱の形ワールドを作ろう！」（2年・図形）

[表] 単元計画

時	学習活動
1	①身の回りから探した箱の形について話し合う ②箱の形を切ったり写し取ったりして、共通点を見いだす ③用語「面」を知る
2	①写し取った面の形を切り取って、同じ長さの辺や向かい合う面などに着目してつなぎ合わせ方を考える ②箱を組み立てる
3	①すべての面が正方形の箱を組み立てる ②6つの面をつないで組み立てても箱の形にならない場合について、その理由を考える
4	①箱の形の骨格模型を作るために必要な粘土玉（頂点）の数とストロー（辺）の長さや本数を調べる ②箱の形の骨格模型を作成する ③単元の学習内容に関する基本的な問題を解決する
5〜7	①「箱の形ワールドin Minecraft Education」を作成する ②単元の振り返りを行う

2-2．取組の具体

　図1〜3は、Minecraftの話が子どもから出たときの板書です。

　枠の囲みから、Minecraftのブロックと本時の学びを学び付けていることがわかります。日常的にMinecraftを使っている子どもや学級だからこそ、という理由もあります。

[図1] 本単元第2時の板書

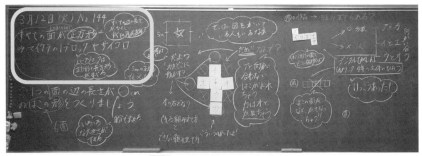

図2 本単元第3時の板書

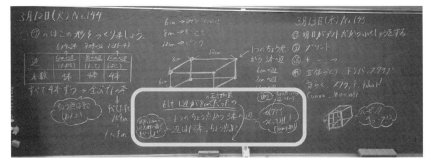

図3 本単元第4時の板書

想定したとおり、立体の学習とMinecraftの相性はブロックの形という点からです。

図4 ある子どもの好きな箱の形

図4は、ある子どもの好きな箱の形です。

これは、サイコロだそうです。この子どもが作った箱の形の特徴は、頂点に当たる部分のブロックを別の色のブロックにしている点です。「どうしてそうしようと思ったの？」と尋ねると、「だって、そうすると着目ポイント（構成要素の1つである頂点のこと）がわかりやすいでしょ？」、と答えてくれました。数学的な見方・考え方を働かせ、立体を作っている証しといえるでしょう。まさに、箱の形の探究です。これはすぐさまみんなに共有しました。

図5 ある子が作成した箱の形の中

中には、図5のように、自分が作成した箱の形に関わる問題を出している子どももいます。看板に、自分の作った箱の形の長さを記載している子どももいました。

図6 QRコード（Padletにつながります）から、Minecraft Educationで作成した、「箱の形ワールド」のコピーデータを入手できます。

ぜひデータをダウンロードして、Minecraft Educationで遊んでみてください。

図6 箱の形ワールドのコピーデータのQRコード

本実践のポイント

- ☑ 立体を扱う単元にこそ、ブロックが立方体や直方体である、Minecraft Educationの活用を！
- ☑ 作成していく中で見られた数学的な見方・考え方を価値づけて、共有しよう！

【引用・参考文献】
・文部科学省（2018）.『小学校学習指導要領（平成29年告示）解説算数編』.日本文教出版.

| 実践 03 | 「Minecraft Educationでより長い長さを体験しよう！」(3年・測定) |

01 ▶ 疑似体験×実際の体験

1-1．1kmをMinecraft Educationで作ってみよう！

　今回の実践は、これまでのものと違い、一授業の中でのスポット的な活用です。

　第3学年では、長さの単位として「km」を指導します。1kmの長さは、1mmや1cm、1mという長さのように、直接見て捉えることは難しいです。だからこそ、学習指導要領（平成29年告示）解説算数編にも、

> 通学路などを思い起こさせ、学校から1kmの道のりに当たるところを調べさせたり、運動場の200mのトラックを実際に5周歩かせてみたりすることで実感的に捉えられるようにすることが大切である。（文部科学省，2018，pp.163-164）

と、示されているわけです。

　「実際に1kmを歩く活動」は、非常に有効な手立てです。1kmという長さを、実感を伴って理解することができます。多くの検定済み教科書にも取り入れられています。

　これに加えて、「Minecraft Education内で1kmを作る活動」を組み合わせることで、より実感を伴った理解が育まれるのではないかと考えました。

　つまり、今回の提案は「疑似体験×実際の体験＝より実感を伴った理解」ということになります。

02 ▶ 取組の実際

2-1. 授業の具体

　本授業は、前時（**図1**参照）に自分自身の10mの歩数を調べ、「1km は、100mの10倍、10mの100倍といった関係を明らかにした」上で、実施しました。

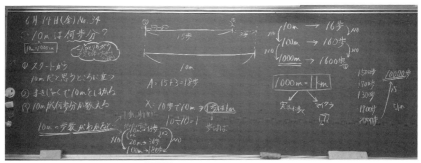

図1　本実践の前時の板書

　この関係を明示化したことは、1kmという直接見て捉えることができない長さを理解するために大切なことです。また、歩数と関連づけることで、例えば「自分の通学路の長さ」を推測するきっかけにもできます。

　次の**図2**は、本実践の板書です。左側は、Minecraft Education内で1kmを作る活動を行った際のものです。右側は、校庭1周のおよその長

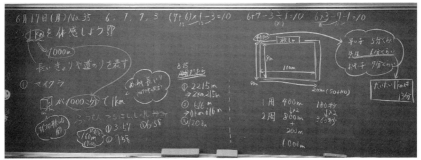

図2　本実践の板書

さと1kmを歩くのに必要な周数を確認した際のものです。ふき出しは、実際に歩いた後に追記しました。

　Minecraftのブロックは、基本的に一辺が1mとなっています。この板書にもあるように、立方体のブロックを1000個分つなげることで1kmになります。

　今回は、10人程度のグループごとに1kmを作ってもらいました（**図3**参照）。共同作業とコミュニケーションを通して、1kmを作るわけです。子どもたちは、「だれがどこから作るのか？」などを話し合いながらブロックをつなげていきました。

図3　子どもたちが作った1kmの一部

　4分〜8分ほどで、1kmは作成されました。子どもたちは座標を有効に活用していたため、ブロックの数を数える必要はありませんでした。

　また、ある子どもは「先生、ぼくはあえて1人で作ってみるよ！」と、1人で1kmを作成しようとしました。7分ほどで160mほどしか作れなかったようで、

　「1kmってめっちゃ長い！」

と、言っていました。これは、グループで取り組んでいた子どもたちも同様です。この発言は、まさに狙っていたものでした。Minecraft

Education内で行う1kmの疑似体験への価値が見いだされたといえます。
　また、第2学年「長いものの長さ」においても同じように、Minecraft Educationを一授業でスポット的に活用することが可能です。
　授業の後半では、校庭の大きさを確認した上で、「実際に1kmを歩く活動」に取り組みましたが、時間が足りず、400mしか歩けませんでした。代わりに、1kmを歩くのにかかる時間を計算で出しました。
　この日の振り返りには、以下のような記述が見られました。

> ○マイクラで作って、実際に歩いたことで、1kmって長いってことがよくわかりました。
> ○今日歩いた感じだと、私の家までは400mよりちょっと長そうです。1km以上歩いている子もいるって聞いたので、今日の授業で大変だなあと感じました。

2 - 2. 本授業のその後

後日、以下のような話をしてくれた子どもたちがいました。

> ○先生、私歩数を帰り道で数えてみたけど、通学路は1kmより長そうだったよ！
> ○マイクラでオリジナル1kmワールドを作ってみたよ！　遊んでみて！

前者のように自らの日常生活に生かそうとする姿勢や後者のような学びを発展させる姿が見られました。

本実践のポイント
☑ 疑似体験×実際の体験（「Minecraft Education内で1kmを作る活動」×「実際に1kmを歩く活動」）＝より実感を伴った理解

【引用・参考文献】
・文部科学省（2018）.『小学校学習指導要領（平成29年告示）解説算数編』.日本文教出版.

授業再考 03 「Minecraft Educationで広さを体感しよう！」(4年・図形)

01 ▶ Minecraft Educationで疑似体験

1-1. これまでの授業

　文部科学省（2018）は、第4学年の面積の学習の留意点について、面積の単位間の関係についても振り返り、<u>面積の大きさを実感をもって理解できるようにすることも大切</u>である。(p.209，下線筆者)と示しています。

　例えば、「アール（a）」「ヘクタール（ha）」という単位は、社会科など他教科等の学習とも関連します。しかしながら、その広さはなかなか実感しづらいものです。過去の実践で、校庭に1aを作ったこともありますが、それ以上の大きさとなるとさらに難しいです。そこで提案したいことが、「Minecraft Educationで広さを体感しよう！」です。

02 ▶ 授業の再考

2-1. 授業計画

　第4学年「面積」の学習では、「広さの比べ方と表し方」「長方形と正方形の面積」「大きな面積の単位」……と学んでいくことが一般的です。

　「大きな面積の単位」について学習する際に、Minecraft Educationを活用します。

2-2. 授業再考案

　面積の単位「平方メートル（㎡）」を知り、辺の長さがmで表されていても面積の公式が使えることを学んだ上で、Minecraft Educationで

作成した「面積ワールド」に子どもたちを招待します。

Minecraftの1ブロックは、基本的に「一辺が1mの立方体」です。立体ではありますが、キャラクターを操作して上から見れば平面で捉えることができます。ここで、以下のようなミッションを提示します。

①一辺の長さが6mの正方形の面積を作成せよ！
②周りの長さが20mになる面積を作成せよ！

①であれば、一辺に6個ずつブロックを敷き詰めることで作成することができます。②であれば、「一辺の長さが5mの正方形」や「縦の長さが6m、横の長さが4mの長方形（図1参照）」等が作成できます。看

図1 6×4の長方形

板を立て、「面積を求める式」を明示してもよいでしょう。ここでのミッションは、個人作業です。

さらに、「アール（a）」「ヘクタール（ha）」「平方キロメートル（km²）」を学んだ上で、「面積ワールド」でこれらを再現します。かなり大きな面積になるので、共同作業が必要となります。お互いにコミュニケーションをしながら作成するため、きっと学んだ知識を自然と活用できます。そして、子どもたちは、その広さに驚くことでしょう。

授業再考案のポイント
- ☑ Minecraft Educationによる広さの疑似体験をすることで量感を養う！
- ☑ 大きな面積を共同作業で作成することで、自然と対話的な学びに！

【引用・参考文献】
・文部科学省（2018）.『小学校学習指導要領（平成29年告示）解説算数編』.日本文教出版.

> 授業再考
> 04

「Minecraft Educationで複合立体図形を作って体積を求めよう！」（5年・図形）

01 ▶ Minecraft Educationで

1-1. これまでの授業

　文部科学省（2018）は、第5学年の立体図形の学習の留意点について、

> 図形の面積と同様に、辺の長さなどを用いて計算によって求めることのよさを理解できるようにすることが大切である。さらには、体積の単位間の関係についても振り返り、体積の大きさを実感をもって理解できるようにすることも大切である。（p.260，下線筆者）

と示しています。

　図形を構成する要素に着目し、図形の体積の求め方を考えることも大切ですが、体積についての量感を培うことも大切です。ただし、なかなか後者は難しい部分もあります（1㎥以上の立体の作成が困難なため）。

　そこで、この2つの大切なポイントを満たそうと試みる提案が、「Minecraft Educationで複合立体図形を作って体積を求めよう！」です。

　複合立体図形を作る疑似体験を通して体積についての量感を培い、作られた複合立体図形の体積の求積を行う中で計算で求めることのよさを実感するというわけです。

02 ▶ 授業の再考

　「直方体を組み合わせた立体の体積の求め方」を学ぶ際に、Minecraft Educationを活用します。授業形態は、個別学習を想定しています。

| 授業再考04 | 「Minecraft Educationで複合立体図形を作って体積を求めよう！」（5年・図形）

本授業の概要は、次のとおりです。

> ①直方体を組み合わせた立体の体積の求積を原問題として取り組む
> ②原問題を深く追究する（根拠、多様な求め方、表現の翻訳等）
> ③原問題をもとに、問題を発展させる
> 　（例）：立方体を組み合わせた立体の求積をする
> ④本時の学習を自分でまとめる

授業開始時から、Minecraft Educationで作成した「体積ワールド」に子どもたちを招待しておきます。

②の過程では、自分でMinecraft Education内に立体を再現して、深く追究する子どももいるでしょう。

③の過程では、右の**図1**のような立体を作成することが期待できます。複数人数で作ってもおもしろそうです。

図1 筆者が作成した複合立体図形

Minecraft Educationの活用はあくまで手立てなので、アナログで追究したり、発展させたりする子どもがいてもかまいません。

単元末のまとめの時間において、ここで作られた立体の体積の求積を練習問題として扱ってもよいでしょう。

授業再考案のポイント

- ☑ 複合立体図形を作る疑似体験を通して量感を養う！
- ☑ 作られた立体の体積の求積を自分たちの練習問題として活用！

【引用・参考文献】
・文部科学省（2018）.『小学校学習指導要領（平成29年告示）解説算数編』.日本文教出版.

授業再考 05 「Minecraft Educationで日光東照宮を再現しよう！」（6年・複数領域）

01 ▶ これまでの授業

　私が勤める自治体では、第6学年の修学旅行先は「日光」です。私も何度か日光への修学旅行を経験しましたが、荘厳な建築物は感動するものがあります。同様な思いを抱いた子も多かったように感じます。

　そこで今回の授業再考案は、「Minecraft Educationで日光東照宮を再現しよう！」というものです。

　実際の建築物をMinecraft Education内で再現しようとなると、「A数と計算」「B図形」「C変化と関係」といった3つの領域が関連してきます。具体的にいえば、「文字式」「縮図と拡大図」「角柱の体積」「比」などの単元が関わってきます。社会科の学習とも関連づくでしょう。

　修学旅行の実施時期にもよりますが、これらの学習と関連づけて再現していきます。様々な領域・単元に関わる数学的な見方・考え方を働かせ、深い学びが生まれると考えています。1つのプロジェクト学習となりえるのです。

02 ▶ 授業の再考

2-1．授業再考案

　修学旅行前から少しずつ作成し始め、修学旅行後に完成させることを想定しています。

　日光東照宮には、様々な社殿があります。例えば、「五重塔」「神厩舎」「陽明門」などです。作成する社殿の分担を行い、複数人数で共同作業をしていきます。「大きさはどの比にするか？」「再現しづらい部分はど

ういった形としてみなすか？」などのコミュニケーションをすることで、改めて学習内容を振り返ることになり、理解を深めることでしょう。

2-2. 日光東照宮作成時における工夫
①「Make code」の活用

Minecraft Education内にある「Make code」を活用すれば、ブロックを使ったビジュアルコーディングでプログラミングをすることが可能となります（**図1**参照）。

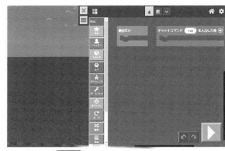

【図1】Make codeの画面

6年生ともなれば、プログラミングに精通している子どもも多いことでしょう。第5学年「正多角形と円」では、正多角形の作図をするプログラミングを体験することが示されています。この経験が大いに生きるでしょう。したがって、作成への時間が軽減できると考えられます。

②NPCへのCanvaリンクの貼り付け

作成した社殿の中にはNPCを置き、Canvaのリンクを貼り付けるとおもしろいでしょう。Canvaでは、修学旅行のまとめを作成したり、実際に撮影した社殿の写真をまとめたりすると、修学旅行の振り返りにもなります。

③相手・目的意識の明確化

再現した日光東照宮を「次年度の6年生に体験してもらう」という目的・相手意識があれば、さらに主体的に学ぶことができるのではないでしょうか？

本実践のポイント
☑ 日光東照宮の再現を通して、様々な領域・単元に関わる数学的な見方・考え方を働かせ、豊かにする！

COLUMN 5
Minecraft Education×他教科の実践

　私がMinecraft Educationを活用し始めたきっかけは、生活の授業でした。第2学年では、いわゆる「町探検」の学習があります。当時、子どもたちからMinecraftの話をたくさん聞いていました。なんとか学習にうまく生かせないかと考えた結果生まれた実践が、「町探検×Minecraft×Canva〜地域を巻き込むPBL」なのです。

　右の図は、地域にある紳士服量販店をMinecraft Educationで再現したものです。2人の子どもたちが共同作業で作成しました。他にも、様々な施設やお店が再現されています。

　本章のpp.92-95でも述べたように、NPCにCanvaで作成した施設もしくはお店のまとめが埋め込まれています。

図1　ブロックで作った紳士服量販店

　この実践は最終的に、「大砂土東小学校区の魅力を、地域の人たちに伝える」という目的のもと、さいたま市見沼区役所で体験ワークショップまで開きました。子どもたちの想いをMinecraft Educationに乗せて叶えたわけです。「エデュテインメント」を実現することができたのです。本年度も、社会科×総合で実践しています。

図2　ワークショップの様子

　ぜひみなさんも、各教科の特性に基づいてMinecraft Educationを活用してみてください。

第 6 章

算数における
新4大アプリ活用
のポイントまとめ

算数におけるCanva活用の
ポイントまとめ

Canvaの特徴を生かして

授業の中で使うという視点でのCanvaの特徴は、以下のとおりです。

> ①共同編集
> クラウドの上にデータがあることで、子どもたちが同じデータを同時に編集できます。
> ②相互参照
> 子ども同士で互いの考えを見合うことができます。
> ③相互評価
> アウトプットに対して、互いにフィードバックができます。

これら３つの特徴を、算数の学習活動に適切に位置づけることが大切です。つまり、いかに「数学的な見方・考え方を働かせ、豊かに」していくかという視点に立って活用を考えるということです。

> **活用のポイントまとめ**
> 【全学年・全領域の事例より】
> ☑ 多様な考えが生まれる教材でこそ、Canvaで協働的に学ぼう！
> ☑ Canvaの相互参照機能を用いて、より学びを深める仕掛けを！
>
> 【第１学年「形づくり」（図形）の実践より】
> ☑ Canvaを活用した疑似的な操作も認める！
> ☑ 様々な形を参照することで、形の特徴を捉えられるように！

【第2学年「かけ算」（数と計算）の実践より】
☑ Canvaを用いて◯の段をまとめることを習熟の１つの手立てに！
☑ Canvaの共同編集機能を通して、学びを深める対話的な学びを！

【第3学年「表と棒グラフ」（データの活用）の実践より】
☑ 表やグラフの作成、プレゼンテーションの作成が必須である「Dデータの活用」でこそCanvaの活用を！

【第4学年「面積」（図形）の実践より】
☑ 学年間の数学的な見方・考え方の育成を意識した実践を！
☑ 「B図形」にこそ手軽に図形の素材を組み合わせられるよさを！

【第5学年「円グラフと帯グラフ」（データの活用）の実践より】
☑ ホワイトボードで、全員の意見を可視化し、合意形成に反映！
☑ Canva＋生成AIで客観的な視点もプラス！

【第6学年「対称な図形」（図形）の実践より】
☑ Canvaで教材の準備も時短しよう！
☑ 抱負な素材を学習内容に生かそう！

算数におけるCanva（Flipの代替として）活用のポイントまとめ

Canva（Flipの代替）の特徴を生かして

　授業の中で使うという視点でのCanva（Flipの代替として）の特徴は、以下の2つです。

> ①相互参照・相互評価
> ②活用できる素材の豊富さ
> 　1億点以上のフリー素材を使えます。画像素材だけではなくスタンプ、イラスト、オーディオ素材などのフリー素材が豊富です。画像生成AIも活用できます。
>
> Canva（Flipの代替として）を算数の授業で活用する具体は、基本的に1つです。それは、「自分の考えを説明する手段の1つとしての活用」です。

> **活用のポイントまとめ**
>
> 【第3学年「かけ算」（数と計算）の実践より】
> ☑ 単元末のまとめの時間の課題の1つに「自分の考えを説明する活動」を選択できるようにしよう！
> ☑ 思考力、判断力、表現力等を高める手段の1つにCanva（動画）を！
>
> 【第5学年「角柱と円柱」（図形）の再考案より】
> ☑ 互いの紹介を相互参照することで、数学的な見方・考え方を豊かに！

算数におけるKahoot!活用のポイントまとめ

Kahoot!の特徴を生かして

　授業の中で使うという視点でのKahoot!の最大の特徴は、
　　　　　　楽しみながら知識・技能を習熟できること
です。具体的には、「既存のクイズを出す」「教師が作成したクイズを出す」「ドリルや家庭学習として使う」という形になります。
　これに加えて、
　　　　　　　思考力、判断力、表現力等の育成
も、問題づくりを通して行うことができることも特徴の1つです。

活用のポイントまとめ

【第3学年「たし算とひき算の筆算」（数と計算）の実践より】
☑「知識・技能の習熟」をしつつ、意図的に仕組んだ未習の問題で、子どもの素朴な問いを生む！

【第2学年「かけ算」（数と計算）の実践より】
☑ Kahoot!を用いて○の段をまとめることを習熟の1つの手立てに！
☑ 作成したKahoot!を自己評価及び他者評価することで、九九へのより深い理解を！

【第3学年「小数」（数と計算）の実践より】
☑ Kahoot!での問題づくりを、思考力、判断力、表現力等の育成の1つの手立てに！
☑ 表計算ソフトやFormsを活用してKahoot!作成の時短も可能！

【全学年・全領域の実践より】

☑ 目的意識を子どもたちにしっかりと伝え、楽しみながらKahoot!で復習を！

Kahoot!公式サイトにある問題作成テンプレートをダウンロードするページ
QRコード

算数の単元末の時間に、Microsoft Teamsに自分で作成したKahoot!を送る子どもの様子です

算数におけるPadlet活用の
ポイントまとめ

Padletの特徴を生かして

　授業の中で使うという視点でのPadletの特徴は、以下の3つです。

①相互参照・相互評価
②学びの蓄積
　毎時間の振り返りを打ち込んだり、自分のノートを撮影してアップロードしたりして、学びを積み重ねていくことができます。
③様々な添付ファイルタイプがあること

活用のポイントまとめ

【第2学年「4桁の数」（数と計算）の実践より】
☑ Padletで学びをポートフォリオ化！
☑ 働かせた数学的な見方・考え方を顕在化・言語化できるような、振り返り・まとめの視点を！

【第2学年「かけ算」（数と計算）の実践より】
☑ 九九検定ではPadletのオーディオレコーダーが大活躍！
☑ 本実践の算数における転用はかなり少ない。他教科には転用可！

【第3学年「長いものの長さのはかり方と表し方」（測定）の実践より】
☑ 日常から算数を見つける活動にはぜひPadletを！
☑ Padletへの投稿をクイズ形式にすることで、相互評価だけではなく回答欄という機能も追加！

算数におけるMinecraft Education活用のポイントまとめ

Minecraft Educationの特徴を生かして

　授業の中で使うという視点でのMinecraft Educationの特徴は、以下の2つです。

> ①共同作業やコミュニケーションを通して、1つの作品を仕上げること
> 　学級の仲間とコミュニケーションをしながら世界を作ることができます。その際に、共同作業が自然と生まれます。
> ②作成したワールドを友だちに活用してもらうことができること
> 　作成したワールドデータは、エクスポート（データの書き出し）することができます。そして、エクスポートしたデータは配付することができます。

活用のポイントまとめ

【全学年・全領域の再考案より】
☑ 算数ワールド作成を、算数の学びの明確な目標に！

【第1学年「形あそび」（図形）の再考案より】
☑ Minecraft Educationで、形について楽しく学ぼう！
☑ 子どもたちが作る多様な立体を互いに見合うことで、形に親しもう！

【第2学年「かけ算」（数と計算）の実践より】
☑ Minecraft Educationを様々なアプリを集約するプラットフォームに！
☑ 共同作業とコミュニケーションでより適切な建造物を！

【第2学年「はこの形」(図形) の実践より】
- [x] 立体を扱う単元にこそ、ブロックが立方体や直方体Minecraft Educationの活用を!
- [x] 作成していく中で見られた数学的な見方・考え方を価値づけて、共有しよう!

【第3学年「長いものの長さのはかり方と表し方」(測定) の実践より】
- [x] 疑似体験×実際の体験 (「実際に1kmを歩く活動」×「Minecraft Education内で1kmを作る活動」) =より実感を伴った理解

【第4学年「面積」(図形) の再考案より】
- [x] Minecraft Educationによる広さの疑似体験をすることで量感を養う!
- [x] 大きな面積を共同作業で作成することで、自然と対話的な学びに!

【第5学年「直方体や立方体の体積」の再考案より】
- [x] 複合立体図形を作る疑似体験を通して量感を養う!
- [x] 作られた立体の体積の求積を自分たちの練習問題として活用!

【第6学年・複数領域の再考案より】
- [x] 日光東照宮の再現を通して、様々な領域・単元に関わる数学的な見方・考え方を働かせ、豊かにする!

あとがき

　私の執筆は一旦ここで終わりとなりますが、「算数×ICT」の可能性はまだまだ無限大です。本書でも少しふれましたが、「データの活用×生成AI」の魅力に気付き、取り組んだ実践があります。それは、第3学年「表と棒グラフ」での「3年3組オリジナル給食メニューを提案しよう！」という実践です。Canvaも活用しています。先日、実際に子どもたちが提案したメニューが給食に出されることが決定しました。子どもたちの喜びは大きかったです。生成AIも学級の仲間として捉えた子どもたちとの実践は、令和6年度『新しい算数研究12月号』に掲載されています。ぜひご覧ください。

　さて、本書で取り上げた「Canva」「Kahoot!」「Padlet」「Minecraft Education」のそれぞれのアプリは、私が執筆したとき（2024年7月時点）よりもさらなる進化を続けています。例えば、

　　Canva……………………AI機能の強化
　　Kahoot! …………………新しいゲームモードの登場
　　Padlet……………………AI機能の強化
　　Minecraft Education …クラウドストレージのサポート強化

などが挙げられます。今後もこの状況は続いていくでしょう。さらに、教育現場で使うことのできる汎用的なアプリは、まだまだ増えていくことが予想されます。

　ところで、教育現場では「不易と流行」という言葉が常々話題に挙がります。不易と流行とは、松尾芭蕉が「奥の細道」の旅の中で見いだした理念の1つだと言われています。

　　　　「不易を知らざれば基立ちがたく、流行を知らざれば風新たならず」

という言葉がもとになっています。「不易」は変わらない本質や価値を指し、「流行」は時代や状況に応じて変わるものを指します。

　好奇心や探求心をもつこと、他者を尊重することなどの、教育の基本的な価値観は時代が変わっても重要です。これは、「不易」の部分です。

　一方で、テクノロジーの進化に伴い教育方法が変わること、社会の変化に応じ

て学習内容が新しくなることなどは、「流行」です。これらの流行に対応するためには、まず我々教師が柔軟な姿勢をもつことが肝要です。

　算数教育の文脈で考えてみれば、「子どもたちが算数を創ること」が「不易」であることは変わりません。そのアプローチの在り方が「流行」によって変わるわけです。

　「不易」としての算数の授業の本質を守りつつ、「流行」としての新しい技術や手法を取り入れることで、より豊かな教育環境をつくり出すことができるのです。つまり、冒頭でも述べたように「『算数×ICT』の可能性はまだまだ無限大」ということです。このように考えると、ワクワクしませんか？

　不易と流行のバランスを保ちながら、「常によりよい算数の授業の在り方を模索し続けたい、そのために学び続けていきたい」と、本書を執筆して改めて強く決意できました。みなさんはいかがだったでしょうか？　本書が「算数×ICT」の単なるハウツー本ではなく、そういった思いをもつことができるような本になっていることを願います。

　結びに、本書は大好きな子どもたちと日々の算数の授業を創ってきたからこそ書き上げることができました。教師向けの本であるのにもかかわらず、「絶対買います！」と本書刊行を心待ちにしてくださった、さいたま市立大砂土東小学校元３年４組、元２年１組、現３年３組の子どもたちと保護者の皆様には、心より感謝申し上げます。また、SNS・リアルに限らず応援してくださった仲間たちと家族にも、感謝の気持ちでいっぱいです。

　そして、初めての単著執筆であった私に対して、「この企画おもしろいですよ」と後押ししてくださり、執筆中も励ましの言葉と助言をくださった、東洋館出版社　畑中潤さんと唐本信太郎さんに、この場をお借りして御礼申し上げます。

　みなさん、本当にありがとうございました。

天治郎こと天野翔太

▶ 引用・参考文献表

文部科学省初等中等教育局（2023）．「次期ICT環境整備方針の検討について」．（2024.07.06最終確認）．

瀧ケ平・佐藤・樋口（2022）．「算数科のコミュニケーション場面における1人1台端末活用の特徴」．『広島女学院大学児童教育学科研究紀要　第9号』．

文部科学省初等中等教育局（2023）．「OECD生徒の学習到達度調査　PISA2022のポイント」．https://www.mext.go.jp/content/231213-mxt_kyoiku01-000033084_03.pdf（2024.07.06最終確認）．

杉山吉茂（2012）．『確かな算数・数学教育をもとめて』．東洋館出版社．

中島健三（1977）．「算数・数学教育における「考える」というはたらき」．和田義信編，『考えることの教育』,pp.59-78．第一法規出版．

文部科学省（2018）．『小学校学習指導要領（平成29年告示）解説 算数編』．日本文教出版．

加固希支男（2021）．『「個別最適な学び」を実現する算数授業のつくり方』,第5章．「1人1台端末」を活用した個別最適な学び」．明治図書．

文部科学省（2020）．「GIGAスクール構想の実現へ」．

加固希支男（2023）．『小学校算数「個別最適な学び」と「協働的な学び」の一体的な充実』．明治図書．

坂本良晶（2023）．『生産性が爆上がり！　さる先生の「全部ギガでやろう！」』．学陽書房．

二宮裕之（2017）．「算数の授業で育てたい資質・能力を考える」．『日本数学教育学会授業づくり研究会シンポジウム資料』，pp.1-2．

坂本良昌（2022）．「Flipの教科書」．https://note.com/saruesteacher/n/n49d3b794d515（2024.07.11最終確認）．

文部科学省（2020）．「教育版マインクラフト」．https://www.mext.go.jp/miraino_manabi/content/376.html（2024.07.06最終確認）．

【著者紹介】

天野翔太 （あまの　しょうた）

埼玉県さいたま市公立小学校教員。平成30年度さいたま市長期研修教員（算数・数学）。志算研・EDUBASE所属。心理的安全性AWARD2023・2024において、小学校学級担任としてシルバーリングを初受賞。Xを中心に、心理的安全性を軸とし、算数及びICTについても情報を発信。オフライン・オンラインセミナーの講師も多数務める。本年度本書の他に、心理的安全性と算数に関する単著を刊行予定。

カスタマーレビュー募集

本書をお読みになった感想を下記サイトにお寄せ下さい。レビューいただいた方には特典がございます。

https://www.toyokan.co.jp/products/5681

1人1台端末フル活用!
新4大アプリで算数授業づくり
-Canva・Kahoot!・Padlet・Minecraft Education-

2024(令和6)年11月25日　初版第1刷発行

著　者：天野 翔太
発行者：錦織圭之介
発行所：株式会社 東洋館出版社
　　　〒101-0054 東京都千代田区神田錦町2丁目9番1号
　　　　　　　　コンフォール安田ビル2階
　　　（代表）　電話 03-6778-4343　FAX 03-5281-8091
　　　（営業部）電話 03-6778-7278　FAX 03-5281-8092
　　　振替　　00180-7-96823
　　　URL　　https://www.toyokan.co.jp

装　　丁：小口翔平＋嵩あかり(tobufune)
組　　版：株式会社明昌堂
印刷・製本：株式会社シナノ

ISBN978-4-491-05681-4 ／ Printed in Japan